云会计
资源共享研究

吴花平◎著

RESEARCH ON CLOUD ACCOUNTING RESOURCE SHARING

本书是国家社会科学基金青年项目“‘互联网+会计’背景下云会计资源共享风险管控及实现路径研究”（16CGL070）的主要成果之一。

经济管理出版社
ECONOMY & MANAGEMENT PUBLISHING HOUSE

图书在版编目（CIP）数据

云会计资源共享研究/吴花平著．—北京：经济管理出版社，2023.6
ISBN 978-7-5096-9061-1

Ⅰ.①云…　Ⅱ.①吴…　Ⅲ.①财务管理—管理信息系统—研究　Ⅳ.①F275-39

中国国家版本馆 CIP 数据核字(2023)第 103235 号

组稿编辑：李红贤
责任编辑：李红贤
责任印制：黄章平
责任校对：胡莹莹

出版发行：经济管理出版社
（北京市海淀区北蜂窝 8 号中雅大厦 A 座 11 层　100038）
网　　址：www. E-mp. com. cn
电　　话：（010）51915602
印　　刷：唐山玺诚印务有限公司
经　　销：新华书店
开　　本：720mm×1000mm/16
印　　张：11.25
字　　数：213 千字
版　　次：2023 年 6 月第 1 版　　2023 年 6 月第 1 次印刷
书　　号：ISBN 978-7-5096-9061-1
定　　价：78.00 元

联系地址：北京市海淀区北蜂窝 8 号中雅大厦 11 层
电话：（010）68022974　　邮编：100038

前　言

“互联网+会计”背景下会计信息、会计软件和相关决策等云会计资源在云平台上进行共享，避免了资源的重复开发，提高了资源的利用率，从而使整体成本大幅度降低。但与此同时，云会计资源共享也给各参与方带来了风险。因此，如何能在避免或防范风险的情况下让云会计资源共享更加有效，是值得研究的问题。

本书对“互联网+会计”背景下云会计资源共享涉及的问题进行了系统、深入的研究。首先，云会计软件是“互联网+会计”背景下重要的云会计资源之一，本书通过分析云会计软件对中小微企业的影响，明确了云会计软件的定价、安全风险、质量差异等对中小微企业选择云会计软件的影响，在此基础上研究了云会计软件的定价问题。其次，云会计资源共享博弈是“互联网+会计”发展过程中的重要现象，本书基于不同的视角对主体行为之间的博弈进行了研究，依据不同的情况构建了云会计资源共享博弈模型，得出共享博弈的均衡解，并对各类情况进行了详细分析，提出了云会计资源共享博弈行为策略，为“互联网+会计”背景下云会计资源共享策略选择提供了依据。再次，云会计资源共享是“互联网+会计”的重要环节，是指云会计资源共享各参与方之间通过云会计服务平台共享特定的云会计资源，以扩大资源的利用价值，降低总成本。随着云会计资源供应商的内外部环境日益复杂，特定的云会计资源具有独特的属性。例如，相关的财务信息共享可能会给供应商带来不确定性，从而产生云会计资源共享风险。因此，本书基于不同的角度，对云会计资源共享风险进行了评估。最后，本书提出了“互联网+会计”背景下云平台的内部控制体系，为云会计资源共享提供了保障。

通过上述研究，本书得出以下结论：第一，扩大质量差异化能提高云会计软件的价格。第二，云平台的顺利运行需要政府、云平台、供应商和客户企业各参与方协同努力，共同营造良好的市场生态环境。第三，当前市场上云会计资源共享的风险对于各参与方来说都属于可接受的范围，但为了防患于未然，构建云会计资源共享风险预警机制是必要的。

本书由重庆理工大学吴花平教授和硕士研究生闻渊、李卉、陈肯、吴雨果、黄洪钰等完成。本书的出版得到了重庆理工大学科学研究院的大力支持。在本书的写作过程中，各位专家学者和编辑提出了许多宝贵的意见，在此一并表示衷心感谢！同时，也向对本书的出版给予过关心和支持的同人致以衷心的感谢！

最后，竭诚希望广大读者对本书提出宝贵意见，以促使我们不断改进。由于时间和作者水平有限，书中的疏漏和错误之处在所难免，敬请广大读者批评指正。

笔者

2022 年 12 月

目　录

1

绪　论

1.1　研究背景

《2020年国务院政府工作报告》中指出，全面推进“互联网+”，打造数字经济新优势。“互联网+”是以互联网平台为基础，让互联网与各个传统产业进行深度跨界融合，打造云平台，充分发挥云平台在生产要素与资源配置中的优化和集成作用，推动产业转型升级，并不断创造出新产品、新业务与新模式，提升实体产业的创新力和生产力。“互联网+会计”是通过云计算、物联网、大数据技术使信息流、资金流、物流“三流”合一真正成为可能，将单一的信息整合为系统信息，通过财务共享模式实现会计核算与业务活动的同步集成，使会计监督、内部控制与业务流程有机融合，并通过云平台为客户提供更多、更高效、更便捷的会计信息与服务，从而降低云平台各参与方的总成本，提高其整体绩效。在提出“互联网+会计”之前，已有学者提出“云会计”并对其进行了相关研究，为“互联网+会计”的研究奠定了基础。

“互联网+会计”背景下会计信息、会计软件和相关决策等云会计资源在云平台上进行共享，避免了资源的重复开发，提高了资源的利用率，从而使整体成本大幅度降低。但从目前云平台资源提供的情况来看，云会计资源需求远远大于供给，即云会计资源的供应商大部分处于犹豫不决的状态，这可能是因为云会计资源共享的供给者顾虑共享的风险，对共享缺乏积极性。如果供给者没有共享的动机，那么即使有高质量的云会计资源也无济于事。供给者更加担忧的是共享是否会给自身带来灾难性的风险和不必要的损失。因此，在控制成本和管控风险的基础上提出共享策略势在必行。同时，这也是促进云会计资源深度共享的前提。

由于此方面的研究并不多见，因此，本书对“互联网+会计”背景下云会计资源共享风险管控及实现路径进行了探索性研究。

1.2 研究目的与研究意义

1.2.1 研究目的

本书以浪潮、用友、金蝶等国内大型企业云平台和应用云会计资源的中小微企业等相关会计主体为调研对象，挖掘和分析了云会计资源共享过程中遇到的风险及其影响因素，在尽可能降低软件成本、参与方风险和满足各方需求的同时，以提高云平台资源利用率、云会计资源共享参与方整体绩效为主要目标，对从企业内部的财务共享到企业之间的云会计资源共享中的成本管控、风险评估、云平台内部控制和各主体行为之间的博弈进行了较全面、系统、深入的分析和研究，为云平台及云会计资源供需各方提供参考和借鉴。

1.2.2 研究意义

本书的研究意义体现在以下方面：

理论上，通过揭示“互联网+会计”背景下云会计资源的特性，识别云会计资源共享存在的风险，并探索影响风险的关键因素，提出相应的风险防范策略，进而推动云会计资源共享进程，有助于丰富风险管控下资源共享的研究内容，完善“互联网+会计”的理论框架。

实践上，通过研究“互联网+会计”背景下云会计资源共享风险管控及实现路径，为国内云平台和云会计资源供给方提供商业路径，有助于构建积极的云会计资源共享环境，进而改善经济收益，降低云会计资源共享各参与方的总成本，提高资源的整体利用率。“互联网+会计”相关问题的研究，为政府制定“互联网+”相应的规章制度提供了参考，同时也是践行“互联网+”行动的有益探索。

1.3 研究内容与研究框架

1.3.1 研究内容

本书的研究内容主要分为以下四个部分：

第一，“互联网+会计”背景下云会计软件定价研究。云会计软件是重要的云会计资源之一，本书通过分析云会计软件对中小微企业的影响，明确了云会计软件的定价、安全风险、质量差异等对中小微企业选择云会计软件的重要影响，进一步研究了云会计软件的定价问题。具体包括：①基于演化博弈的云会计软件定价研究；②基于数据安全风险和质量差异化的云会计软件定价研究。

第二，“互联网+会计”背景下云会计资源共享主体行为博弈研究。云会计资源共享博弈是“互联网+会计”发展过程中的重要现象，本书基于不同的视角对主体行为之间的博弈进行了研究，依据不同的情况构建了云会计资源共享博弈模型，求出共享博弈的均衡解，并对各类情况进行了详细的分析，提出了云会计资源共享博弈行为策略，为“互联网+会计”背景下云会计资源共享策略选择提供了依据。具体包括：①基于观望期的供求双方主体行为博弈研究；②基于供应商视角的主体行为博弈研究；③基于平台不同发展阶段的供求双方主体行为博弈研究。

第三，“互联网+会计”背景下云会计资源共享风险评估研究。云会计资源共享是指云会计资源共享各参与方之间通过云平台共享特定的云会计资源，以扩大资源的利用价值，降低总成本。随着云会计资源供给者的内外部环境日益复杂，特定的云会计资源具有独特的属性。例如，相关的财务信息共享可能会给供给者带来不确定性，从而产生云会计资源共享风险。因此，本书基于不同的角度，对云会计资源共享风险进行了评估研究。具体包括：①基于政府监管视角的云会计资源共享安全评估研究；②基于客户企业视角的云会计资源共享风险评估研究；③基于供应商视角的云会计资源共享风险评估研究。

第四，“互联网+会计”背景下云平台内部控制研究。健全的内部控制是“互联网+会计”背景下云会计资源共享的保障，本书在理论研究的基础上通过分析和识别平台风险，结合《企业风险管理——与战略和绩效的整合》［COSO-ERM（2017）］框架，构建了云平台内部控制体系，同时引入了财务机器人（Robotic Process Automation，RPA）助力云平台内部控制体系优化。

1.3.2 研究框架

本书的研究框架如图 1-1 所示。

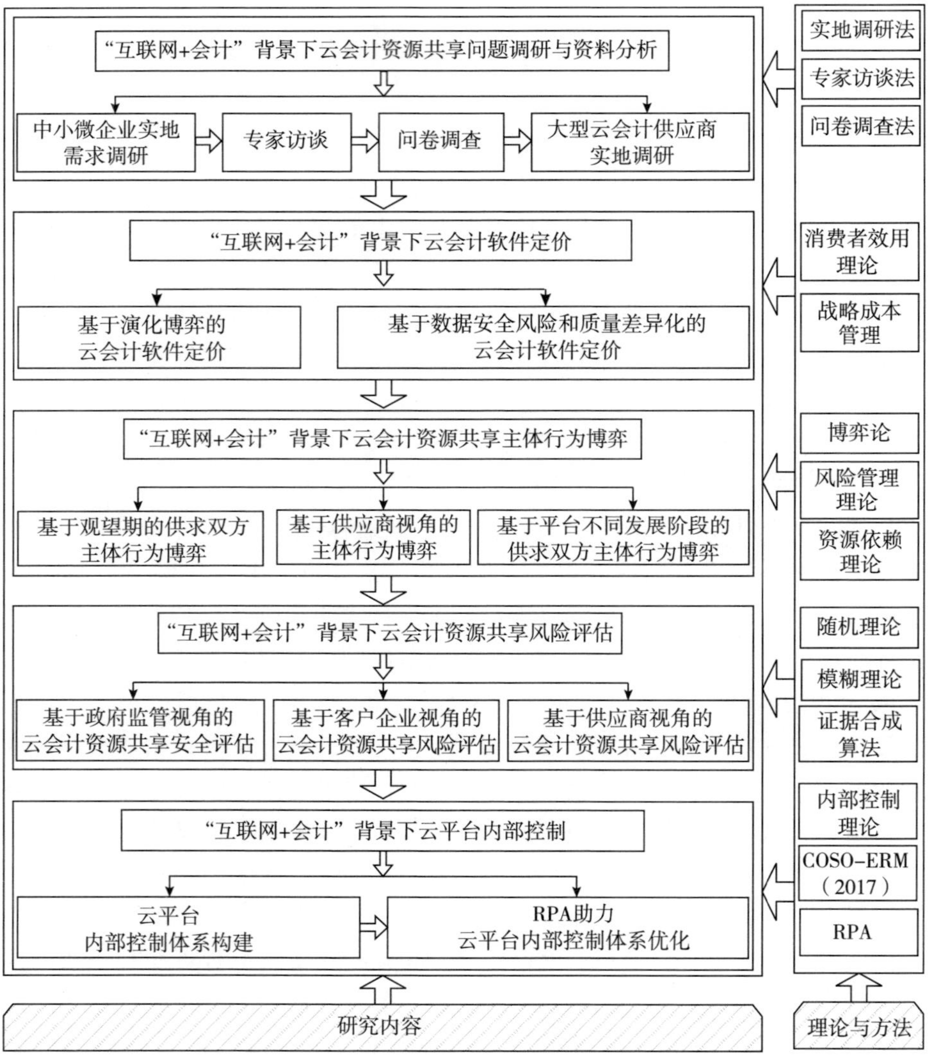

图 1-1　本书的研究框架

1.4 研究创新及研究贡献

1.4.1 研究创新

本书以风险管控为导向，在“互联网+会计”视角下，基于博弈论对云会计资源共享过程中的关键问题进行研究，分别从客户企业、供应商、云平台和政府监管等多方视角深入研究了其相关影响因素与内在逻辑，并分别针对各行为主体提出了相应的对策与建议，将企业从云会计资源共享的困境中解放出来，改变以往资源孤岛的状况，为云平台的顺利发展提供保障。

1.4.2 研究贡献

本书系统地对“互联网+会计”背景下云会计资源、云会计资源共享的主体行为博弈、云会计资源共享的风险评估、云平台内部控制以及企业内部的云会计资源共享等问题进行了深入的研究，提出了“互联网+会计”背景下云会计资源的定价策略、云会计资源共享风险防范策略与措施、云会计资源达成共享时各方主体的行为策略以及云平台内部控制体系。本书进一步完善了“互联网+会计”相关问题的研究，推进了云会计资源共享的进程。

2

相关理论与文献综述

2.1 云会计

目前，我国经济增长速度已趋稳定，经济进入高质量发展阶段。今后，我国将继续加大供给侧结构性改革的力度和深度，促进“大智移云”等先进技术的应用和发展，巩固“大智移云”技术在实体经济中的地位，从而为我国经济形成新的增长点、实现高质量发展提供支持。2018 年 7 月，工业和信息化部印发《推动企业上云实施指南（2018—2020 年）》，指出云计算是信息技术发展和服务模式创新的集中体现，是信息化发展的必然趋势。

云计算（Cloud Computing）作为一种能够推动我国经济数字化和智能化转型的新技术，以其极大的便利性和低成本创造出新的商业模式，影响着各行业和各领域的发展，其中对会计行业影响尤为深刻。云计算是基于互联网平台的，具备数据存储功能、数据处理功能和网络资源调用功能的计算模式。云计算具有广泛的数据接入性和灵活的延伸性，能够满足不同规模的企业对于不同计算能力的需求。相对于传统信息系统，使用云计算服务的用户与服务提供商的交互更少。2006 年，Eric Schmidt 在基于谷歌的业务实践中正式提出云计算的概念，此后国内外学者对云计算进行了大量研究。在国内外数十种云计算定义中，最权威的是美国国家标准与技术研究院在 2009 年对云计算的定义，即云计算是一种按使用量付费的模式，使用的是服务提供商提供的计算资源。

在云计算环境下，用户需要处理的数据不像传统的信息系统那样存储在用户的本地数据库，而是存储在基于互联网的云端数据库。与投入大量资金开发本地信息系统相比，云计算用户不需要投入大量资金配置本地计算机服务器集群，也无须安装任何应用程序或软件，计算机上配置的服务器会提供用户所需要的全部应用功能。

云会计是从云计算技术和云计算理念衍生出的一种为企业提供线上会计资源服务的虚拟会计信息系统，是会计顺应会计信息化趋势与云计算技术结合产生的新生事物。云会计因其投入成本较低、数据处理高效、业务协作能力强等特点成为推动我国会计信息化建设的新模式，且受到了越来越多的关注。

云会计是在云计算技术与会计行业融合和互动的基础上产生的。

2.1.1 国外研究综述

国外对云会计的研究早于我国，并且已有值得我们借鉴的研究成果。

Shaban Mohammadi 和 Ali Mohammadi（2014）重点研究了云计算对会计的影响，阐述了云计算在会计中的作用，并将云计算和会计的结合模型与传统会计模型进行比较，从而得出了云计算与会计相结合产生的云会计相对于传统会计系统所具有的优势和不足。Gianina MIHAI（2015）将云计算定义为通过互联网渠道利用本地计算机以外 IT 资源的一种手段。Gianina MIHAI 从云计算的概念出发，结合罗马尼亚云 ERP 和会计软件项目，详细介绍了云计算的三种服务模式，并对这三种服务模式进行了详细说明和对比。Piyush（2018）对云会计的概念进行了阐述，认为云会计是一种由提供云会计服务的云计算公司所提供的、不需要在用户的计算机上安装任何软件或服务器、基于互联网的远程服务，并且他还重点分析了云会计对整个业务流程各个要素的影响，指出了云会计为企业会计和会计决策能力带来的优势。Syed Moudud 等（2020）重点介绍了云计算对于会计业务流程的重塑作用，并在前人对云服务实施所带来的收益和风险的基础上讨论了企业高级人员在使用云服务时出现的问题，介绍了云计算对于会计信息系统的重要性。

由于中小企业是经济发展的重要因素和促进经济增长的强大动力，所以国外学者对于云会计在中小企业中的应用也进行了大量研究。ZulKarami 等（2019）在马来西亚中小企业经营失败率较高的背景下研究了中小企业使用云会计服务的潜在影响因素，认为云会计研究应该更关注企业的会计或财务管理方面，并基于此建立了一个包含期望性能、期望工作量、社会影响程度和有利条件四个解释变量的概念模型。

使用云会计的客户数量在全球范围内快速增长，但是云会计在发达国家的发展远远领先于发展中国家。Otilia 和 Marian（2015）主要研究了云会计作为一种支持会计工作的新商业模式对业务领域各个参与者的影响，认为云会计可以使业务领域各参与方更具有竞争力和主动性。在云会计环境下，企业应当更加注重优化企业管理的灵活性。发展中国家应当牢牢把握云会计发展机遇，推动会计信息化建设。Raihan（2019）从云会计基于的理论概念出发，讨论了云会计在以孟加拉国为例的发展中国家的运用以及云会计服务对创造岗位、保护环境的作用，并且构建了一个云会计框架用于指导孟加拉国的商业部来部署云会计系统。

云会计作为会计工作的新模式，在推动会计信息化进程的过程中会面对很多机遇和挑战。Oliver（2018）指出，大部分的组织计划在短时间内将其 ERP 系统迁移到云端，并且有部分组织已经将其 ERP 系统迁移到云端。Oliver 认为，云计算技术的发展会使云会计的市场不断壮大，云会计已经成为会计信息化发展的必然趋势。Daisy 等（2020）基于会计实践探讨了澳大利亚云会计服务的风险，将风险依据“技术—组织—环境”的架构进行了分类，剖析了云会计给会计流程和其他云应用带来的一些风险，并且从不同角度确定了组织应对风险的措施，为准备使用云会计服务的用户提供了解决困难和避免风险的思路。

从上述国外关于云会计的研究情况来看，国外对于云会计的概念、理论框架、体系结构的研究较为全面，同时阐述了国外当前云会计应用的优势与不足，并且针对云会计应用的不足从不同角度提出了应对措施。从整体上看，国外云会计的研究已初步形成体系，但仍需不断深入发展。

2.1.2 国内研究综述

2.1.2.1 云会计的概念

与国外相比，国内学者对云会计的理论研究起步较晚。在 2010 年左右，国内对云会计的研究开始兴起并迅速发展。

程平和何雪峰（2011）是我国首次提出“云会计”一词的学者。云会计的定义一经提出便引起学术界的关注。樊燕萍和曹薇（2014）指出，在大数据时代背景下，企业的财务数据更具有价值。刘琦（2014）从云会计的基本应用层面对云会计进行了定义。祁金祥（2019）结合大数据的时代背景对云会计的定义进行了扩展，指出云会计是在大数据的时代环境下基于云计算技术和理论所构建的虚拟的会计信息系统，与传统的会计信息系统相比具有更高的使用柔性和更低的成本，并且能够优化企业资源的使用情况从而增强企业的竞争力。

云会计作为推动会计信息化发展的新模式将成为一个越来越热门的概念。

2.1.2.2 云会计发展现状

我国学者对云会计的研究历经了十余年，相对比较成熟，研究成果较多。大量学者对云会计的研究主要集中在对云会计的概念进行讨论、对云会计的基本理论进行补充完善，以及将云会计与大数据、管理会计、审计和其他领域进行融合以推动云会计和其他领域的系统发展等方面。

程平和何雪峰（2011）基于云计算理论构建了云会计的基本体系结构，同时给出了云会计在信息化建设实施中应当关注的要点以及应对措施。吴胜和苏琴（2017）归纳和总结了我国目前关于云会计的研究文献，指出当前已有的研究只占该领域的很小部分，还有大量的问题可以展开研究。

现如今，大数据技术迅猛发展，很多学者将注意力集中于大数据与云会计的融合，并对此进行了大量深层次的探究。樊燕萍和曹薇（2014）在梳理大数据时代背景下会计数据特殊性的基础上，结合云会计探讨了大数据时代云模型如何解决云会计核算中的问题。程平和范珂（2015）结合大数据时代背景下的会计信息化特点，从信息驱动视角构建了基于云会计的信息生态系统，并且对其形成条件、形成要素、主要内容和价值进行了详细说明。李为波（2015）结合云计算技术和大数据技术，从企业财务管理的角度提出企业财务云会计系统的应用模式，创造性地构建了基于大数据技术和云计算技术的企业财务云会计系统，具体包括具备数据采集、数据处理和数据分析的管理功能框架，具有持续处理企业财务知识的企业财务云会计知识管理功能框架和能够进行自主学习的企业财务云会计决策支持功能框架，并对企业财务云会计系统的功能进行了具体的阐述。此外，学者还探讨了云会计与云计算技术、大数据技术的融合对企业财务管理的价值（程平和王晓江，2015）。

云会计在管理会计领域的运用同样有着积极意义。云会计具有传统会计信息系统所不具备的优势，对于管理会计的发展有着很大启发。赵栓文和李永敏（2016）认为，云会计与管理会计的融合可以为管理会计提供新发展机遇。祁金祥（2019）以科达集团为例，提出云会计要和预算管理相融合。谭函梅（2018）将大数据技术与云会计融入全面预算中。

在云会计与审计相融合方面，程平和温艳好（2013）分别从审计环境、审计技术、审计对象、审计作业手段和审计人员五个方面阐述了云会计对审计的影响，提出了基于云会计的联网审计模式框架和云会计环境下的审计风险框架，并给出对策以促进云会计环境下审计工作的开展。吴仁群（2013）随后对云会计和审计的关系进行了补充，并归纳总结了云审计的特点，认为云会计的发展将随着云审计的发展而发展。程平和范珂（2016）全面分析并阐述了“互联网+”环境下云会计与审计的结合对审计的影响，对基于云会计的“互联网+审计”的具体业务流程、审计信息的规范要求以及审计人员综合素质要求进行了深入的研究和探讨，构建了基于云会计的“互联网+审计”的模型框架。随着云会计在审计领域应用研究的不断成熟和深入，国内其他学者对云会计与审计的融合也进行了相应探究。向华和张向睿（2017）结合 COBIT（Control Objectives for Information and Related Technology）5.0 深入分析了基于云会计的“互联网+审计”的具体实施流程，从原则、文化环境、人员素质、组织架构、资源规范、业务流程六个方面进行了阐述，构建了云会计与“互联网+审计”结合的基本框架。许阳（2019）从 COBIT 5.0 的七大促成因素（①原则、政策和框架；②流程；③组织结构；④文化、首先和行为；⑤信息；⑥服务、基础应用程序；⑦人员、技能和能力）出发，提出“互联网+审计”的基本框架，深入解读了“互联网+审计”的具体业务流程，并针对业务流程实施中关键节点的改进提出了建议。

另外，许多研究人员对云会计创新的其他方面进行了广泛的研究，丰富了云会计的研究成果。例如，程平和段莹莹（2014a）创造性地将 SECI 模型引入云会计研究中，详细分析了企业采用云会计服务对财务人员产生的影响，构建了基于 SECI 理论的云会计对财务人员的影响分析模型，丰富了云会计对财务人员的影响研究，并针对云会计环境下会计人员的行为建设提出建议。程平和段莹莹（2014b）还研究了企业对云会计服务安全性的担忧情况，将双因素理论与会计信息系统可信性相结合，建设了云会计环境下的 AIS 可信性双因素模型，这是国内少有的具有权威性的针对会计信息系统可信性进行研究的文献。刘琦（2014）阐述了云会计的基本应用理论和云会计的应用现状，以此为基础剖析了云会计催生的新商业模式所面临的问题，同时给出了云会计应用发展的系统性建议。乔鹏程（2019）则把目光放到区块链和云会计的结合上，认为将区块链技术与云会计技术相融合不仅有助于借助区块链技术的技术特点解决云会计的数据安全问题，还有助于完善云会计的相关功能，如增强会计信息的经济职能和改善会计的治理模式。

综上所述，云会计凭借其投入成本较低、数据处理高效、业务协作能力强等特点成为推动我国会计信息化建设的新模式，且受到了越来越多的关注，但是在云会计快速发展的同时也出现很多制约其发展的问题，例如：云会计应用下的企业数据安全问题、与云会计相关的法律建设、云会计给组织架构的要求、云会计给组织流程带来的变化以及云会计对财务人员素质的新要求等，其中，企业数据安全问题是企业使用云会计推动企业会计信息化建设成败的生命线。程平和何雪峰（2011）认为，云会计服务提供商不能完全保证用户的财务数据始终在其控制之下，企业对存储在云端的会计信息的安全性存在担忧。秦荣生（2013）认为，企业经济数据的安全性决定着企业的生存发展，目前云会计服务供应商所使用的数据安全保护机制不能完全保证其用户数据的绝对安全。李为波（2015）指出，向中小企业推广云会计的最大障碍是企业对云会计信息安全的担忧，一旦存放于云端的企业数据遭受黑客攻击或者病毒侵入，将会给企业带来无法估量的损失。同时，由数据安全引出的资源共享、风险防范、内部控制和法律法规建设等问题亟待解决和完善。陈毅春（2018）也指出，我国目前尚无关于云会计行业标准的法律法规。我国应加快对云会计法律体系的研究，完善云会计相关法律法规，从法律层面消除使用云会计服务的企业对云会计的担忧，保障云会计资源共享的顺利发展。

2.2 共享平台

随着大数据时代的到来，数据的价值逐渐被人们所重视，同时企业财务管理模式创新及其与大数据技术的融合也成为企业发展和改革的趋势，而传统业财分离的管理模式已无法匹配企业管理的发展。财政部《关于全面推进管理会计体系建设的指导意见》（财会〔2014〕27 号）的公告中指出："鼓励大型企业和企业集团充分利用专业化分工和信息技术优势，建立财务共享服务中心。"目前，我国大型企业均致力于在数字化转型背景下，基于新一代信息技术，深度融合业务场景和技术需求，进一步推进企业智能化管理会计变革。

2.2.1 共享平台概念

2.2.1.1 "共享"概念

"共享"概念是财务共享平台持续发展的重要指导理念，而财务共享平台是对共享服务的重要应用。Robert W. Gunn 等（1993）提出了"共享服务"概念，指出该理论的核心思想是把提供服务的部门信息与相关技术等资源进行整合共享，并将其作为一种新的管理理念，进而使公司效益得到提升，获得竞争优势。Bergeron（2003）认为，财务共享是将原本分散的信息集中到一个专业的财务信息处理部门（财务共享中心）进行处理，进而达到提高企业效率等目的，同时协助公司业务主体顺利开展各项业务，满足客户需求。Daniel 和 Melchior（2009）进一步通过将企业内部办公软件统一整合，细化分解业务流程，并按照重要业务节点进行标准化处理后发现，财务共享平台还可大幅度提高企业运营效率。

我国财务共享平台起步较晚，2005 年中兴通讯正式建立了我国第一个财务共享服务中心（陈虎，2016）。陈德英（2021）认为，财务共享是将企业的财务信息集中在一个新的业务单元处理，该业务单元设有专门的管理机构，并对财务信息进行标准化、系统化的处理，力求使反应速度更快、信息更透明、运营成本更低和管理风险更小。韦德洪和陆韵佳（2020）指出，财务共享模式的关键是流程再造，建立共享服务中心，旨在降低运营成本、提升标准化程度、加强集团管控并实现财务的转型升级。

基于以上学者的研究，财务共享平台有效地降低了人力成本，提高了办公效率和服务质量。同时，随着财务共享模式实践的不断深入、辅助技术的不断发展，财务共享平台的相关概念还将不断被细化与延伸。

2.2.1.2 业财融合概念

企业财务管理升级的方向之一是业务与财务的融合（业财融合），而财务共享平台是企业实施业财融合的重要基础。业务与财务相融合的理论源于管理会计，H. W. Quaintance（1922）在《管理会计：财务管理入门》中指出，财务工作者不该仅仅关注业务事后监督和事后会计核算，应从企业业务出发进行事前预测，进而计算业务活动的具体绩效，并将业务开展的进度进行及时反馈。Bramante 等（2013）经过调查发现，企业财务人员平均需运用60%以上的时间进行低效益的会计核算工作，难以投入协助业务部门工作中，因此企业可发挥财务人员信息服务价值，促进业财融合。

国内学者近年来对业财融合的研究越来越多，刘雪松（2014）认为，业财融合是全球企业管理变革的趋势，是实现可持续发展的重要手段，并可通过设立业财融合岗位，使财务渗透业务的前端。业务与财务融合使财务人员能够支持和控制业务活动的整个过程。因此，应充分利用各种管理会计工具和方法，实现业务与财务的有机融合。

2.2.2 财务共享平台发展现状

在数字化转型背景下，绝大多数集团企业选择建立自己的财务共享中心。何瑛（2010）整理研究了已建立财务共享中心的企业。范志英（2019）、宗文娟和王伯伦（2020）、葛巍和杭纯（2017）给出了具体的实施步骤。程平等提出了基于财务机器人对财务共享服务中心总账、税务和应付账款管理流程进行优化，并设计了具体的实施流程模型，为财务机器人在共享服务平台上的应用提供了思路（程平和代佳，2018；程平和张洪霜，2018；程平和王健俊，2018）。杨鲁峰等（2020）则结合财务机器人流程自动化设计开发了财务共享平台，进一步弥补了财务共享平台自动化处理数据的不足。同时，程平等（2016）、程平和赵敬兰（2016）

基于云会计理论，对财务共享平台的费用管控和影响管理方面进行了进一步细化，设计了管控模型，改善了财务信息在平台中传递、处理效率等问题。

李桂荣和李笑琪（2020）在财务共享平台的基础上，通过建设综合信息系统平台、统一业务信息标准，再造公司业务流程，实现业财系统对接。其中，流程再造是财务共享平台的主要理念，因此流程再造要根据其需求进行优化升级，以最大化流程管理价值。冯丽婷和屈涛（2018）针对保险集团业务特点，基于传统财务共享思想，将财务管理向业务延伸融合，使财务共享平台分别与商旅平台、供应商相连，进而从交易环节开始实现业务、财务与管理的融合。刘华和徐晨阳（2019）针对新零售策略，在财务共享平台的搭建中，将财务核算和控制系统分开，进而对内部信息进行优化整合，并运用信息技术提供数据支撑，实现决策支持型财务转变。刘梅玲等（2020）认为，建立财务共享平台的内在要求是企业信息系统再造，因此同样具有系统性、前瞻性、先进性和可行性四项基本原则。

与大型企业类似，高校也采取基于云计算的财务管理信息化平台助力财务管理转型升级。江小琴（2017）认为，高校的财务共享平台应该是教育部门和财政部门协同带头合作，以资金带领高校实现平台标准化，注重产学研整合，在原有信息平台上满足高校个性化需求。

综上所述，在大数据时代背景下，新的研究应聚焦于借助大数据信息技术进一步打通业财融合的壁垒，对财务共享平台这样的数据平台进行再挖掘，使业务数字变成数据，进而把数据转化为信息。国内学者的研究多集中于业财融合、财务共享服务、大数据技术三者本身的研究，而对于云平台的研究较少。

2.3 资源共享风险

资源共享有利于扩大有效供给、推动社会多元化治理，但由于大多数平台资源共享法律法规以及相关机制体制不健全，因此存在共享平台信息泄露等现象，给需求方和供给方带来了损失。并且，资源共享在带来成效的同时，也给管理者带来新的挑战，针对资源共享在不同应用场景所涉及的风险点，以下依据风险管理理论，从风险识别、风险评价两个方面对相关文献进行梳理。

从本质上来说，资源共享是一种将闲置或过剩资源以共用的方式提供给资源稀缺方，实现价值再创造的过程，资源共享价值实现的关键在于共享。Felson 和 Spaeth（1978）首次提出“共享”，随之衍生了协同消费（Collaborative Consumption）的概念（Weitzman，1986）。随着经济的发展，人们逐渐发现资源共享这一模式在企业信息化建设中隐藏着巨大商机（卢加元，2014；范晓程，2017），因此学术界也开展了进一步的研究。

共享有狭义和广义之分，Belk（2015）认为，共享即将闲置物品或相关服务分享给他人使用，共享者从受益者获取相应收益的行为和过程。Lovelock 和 Gummesson（2017）认为，共享是基于个人与个人关系的交换和消费行为。谢志刚（2018）认为，共享指消费者之间进行一系列活动如分享、交换、借贷等。可以看出，狭义的共享主要强调个人通过第三方共享平台将闲置或过剩资源共享获取一定的经济收益的活动。

广义的共享则是相对宽泛的概念，Kathan 等（2016）认为，共享经济包括有形资产或无形资产的使用权暂时转移和再分配。Sundararajan（2017）认为，共享经济是人群通过按需使用，使得商品的物主不断发生改变。当下，互联网快速发展，依托互联网的资源共享平台为企业价值的提升创造了契机，广义的共享经济概念包括企业所提供的各式资源（陈亚洲，2016）。计海庆和成素梅（2016）认为，共享是一种使用权共享的资源分配模式。张玉明和管航（2017）认为，共享基于互联网技术，使资源得以快速复制。综上可以看出，广义的共享主要是指基于互联网实现个人或组织间资源优化配置的商业模式。

2.3.1 资源共享风险识别

资源共享是在“陌生人交易”方式下产生的新型经济模式，而所有权的分离，即供给方享受物品所有权，需求方只拥有使用权，平台作为第三方，与供给方也非雇员与雇主的关系，导致发生财产以及人身的各种侵权事件时，责任边界模糊（陈斯，2019）。吴杰（2018）认为，共享进行的前提是基于供给方和需求方的信任机制，资源共享需要监管部门、平台企业和供需双方的共同推进。基于信用机制，他提出了影响资源共享的三种风险，即法律监管风险、信用风险和信息管理风险。郑联盛（2017）探讨了共享的本质、机制和模式，从共享经济存在的复杂法律关系结构剖析其对现有制度适宜性带来的挑战，主要提出了委托代理、新垄断方式以及信息安全三大问题，他认为共享的实现需要着眼于产权分离、连接机制稳定性和政府的管理框架等问题。

在各领域的具体应用当中，共享的风险问题也受到学者的关注，比较典型的如云会计领域，学者主要从技术、企业内部建设和外部社会环境三个方面探讨了云会计的风险点。秦荣生（2013）强调了相关技术滞后会威胁企业经济数据安全，给企业带来不可挽回的损失。樊燕萍和曹薇（2014）从云会计本身的特性出发，分析风险因素，指出用户数据在资源池中被分割和重新组织放置、多租户导致的数据隔离可能使用户重要数据难以被有效地加密保护和隔离。除技术层面之外，企业内部建设也是影响云会计风险的一大重要因素。马婷和刘宁（2015）认为，企业自身要完善基础设施设备建设，合理规划业务流程，使其更好地与信息技术相匹配。Liang 和 Yang（2010）认为，企业在重视基础设施设备建设和业务流程的前提下，内部控制建设也不容忽视，终端用户安全意识不足、员工的越权和违规操作也会有产生损失的风险。企业面对的外部风险，主要指企业所处的制度环境。彭超然（2014）提出，当下法律法规的不健全会导致企业权益得不到绝对保障，影响中小企业应用云会计。

2.3.2 资源共享风险评价

在识别风险点的基础上，对资源共享风险进行评价，孔祥西等（2016）针对 B2C 企业信息共享风险问题构建了共享经济风险模型。除模糊综合评价方法之外，风险矩阵也被用来评估风险区间。崔惠敏（2015）识别了共享在高校图书馆联盟的数字资源共享中存在的六大知识产权风险，运用问卷调查、专家访谈以及风险矩阵评估等方法，对调查数据进行了定性与定量分析，从而确定风险等级，并提出了相应的防范措施，将风险降到最低，保证图书馆数字资源共享的顺利进行。随着人工智能的快速发展，大数据为风险评估提供了一种新型方法，神经网络、支持向量机等机器学习方法被引入风险评价当中。孟庆杰和尧海昌（2021）基于食品安全监管数据信息共享当中存在的监管缺位等风险，将 BP 神经网络应用于食品检测数据分析中，预测食品在多个监管周期内的风险安全系数，从而提高对风险的防范。

综上，资源共享蕴藏着巨大的经济利益空间，有很广泛的应用前景，未来还有很大的进步空间。目前，国内外相关研究主要以概念界定、个案分析以及使用风险问题的提出为主，更多地集中在定性方面，针对风险提出一些具体的防控方法和操作措施，而系统性地研究资源共享风险程度预测方法的较少。

2.4 证据理论

事件或现象只有在特定的时间、条件以及环境下，才是可确定的或者是表现得有规律的。而在现实世界中，大部分事件或现象是极具不确定性的。由于事件或现象的随机性、证据的不完备性以及模糊性，因此对事件或现象的描述也是不确定的。针对不确定性问题，当前众多学者提出了贝叶斯算法、模糊集理论与方法、博弈论、证据理论。其中，证据理论是广泛应用的算法之一，是因为证据理论既可以结合先验信息，又可以处理模糊概念证据，如对事件或现象的文字性描述。在不同层次的应用上，证据理论都有不错的表现，如指标体系、故障诊断、建模以及人工智能决策分析。

Dempster 于 1967 年首次提出证据理论，并成功将其应用于数学统计问题中。Shafer 于 1976 年对证据理论进行了改进和完善，即 Dempster-Shafer 理论（以下简称"D-S 理论"）。D-S 理论作为一种不确定推理理论，相较于传统贝叶斯理论，适用场景更广泛，能准确处理各类不确定性事件，并在无知性和等可能性之间做出有效区分（周志杰等，2021）。

证据融合规则是 D-S 理论的核心研究对象，D-S 理论虽具有强大的证据组合能力，但存在融合悖论问题和数据量爆炸问题，众多学者对其提出了改进方法（Zadeh，1979）。当前，改进 D-S 理论主要从以下两个方面着手：一是以证据源为核心，修改其信任函数。例如，Shafer（1976）提出了折扣系数法；胡昌华等（2009）将 Pignistic 变换引入折扣率计算中，并提出了一种新的折扣率计算方法；韩德强等（2011）提出了证据加权组合方法，有效修正了冲突证据。二是以证据合成规则为研究核心，典型的改进证据融合规则有 Yager 规则（Yager，1987）、Dubios 和 Prade 规则（Dubios and Prade，1988）、PCR5 规则（Dezert and Smarandache，2006）等。在传统贝叶斯联合概率推理的基础上，Evidential Reasoning（以下简称"ER"）算法应运而生。对证据的权重和可信度进行合理分配，不仅避免了证据融合悖论问题，而且在一定程度上解决了证据融合计算量爆炸问题。将区间权重、模糊理论、区间证据推理等理论与 D-S 理论结合考虑，对 ER 算法进行了进一步优化。原始 ER 算法认为证据是完全可靠的，但决策者的判断是动态变化的（Xu et al.，2015；Zhao et al.，2018），ER 算法可准确区分出证据的可信度和权重，并能将两者有效融入证据的置信函数分布（Yang and Xu，2013）。

在医疗领域，D-S 理论被成功应用于中医诊断（袁付勇和毕利，2020）；在军事领域，D-S 理论能准确完成空中目标敌我识别任务（陈致远等，2021）；在计算机安全领域，D-S 理论能有效检测出安全漏洞（王思琪等，2019）、分析主机的安全性能（Yuanzhang Li et al.，2021）；在数据分析的数据预处理领域，D-S 理论克服了数据不完整这一大难题，提高了无监督算法的分类准确率（段中兴等，2020）；在罪案推理领域，D-S 理论改善了传统犯罪案例中冲突证据难以处理的现状，提高了警方破案效率（徐祖润等，2020）。不同理论和算法有着各自不同的优点，D-S 理论与其他不同理论或者算法结合使用，发挥出更大的效用价值。D-S 理论与深度学习结合，能准确识别人脸表情，进而对情感进行进一步分析（徐其华和孙波，2021）；与神经网络结合，能有效诊断出设备故障（朱冠霖等，2020；谢林等，2020）；与前景理论结合，以匹配满意度最大化为目标，建立优化模型，解决两方主体的配对问题（张亚杰等，2017）。

综上，从最开始 D-S 理论的提出，经过众多学者从不同的出发点对其不断地改进与优化，在多属性决策、信息融合以及模式识别等方面，D-S 理论表现出其优越的应用价值并得到了广泛推广。

2.5 博弈论

博弈论（Game Theory）是经济学学科的分支，是运筹学中的重要研究课题。博弈论是研究人在理性情况下所采取的战略行为以及不同的战略行为相互作用而产生影响的理论。它作为一种理论，通过构建模型的方式，概括现实中利益冲突现象的本质，然后通过简化和模拟，将复杂的现实问题分解为若干要素，从而求出均衡解。现有的博弈模型有很多，如囚徒困境、斯塔克尔伯格的寡头竞争模型等。博弈论实际上是一种被普遍采用的分析方法，广泛地应用于我们日常生活的各个领域，以下在博弈论概念界定的基础上，根据博弈论的基本分类对国内外研究进行简述。

2.5.1 博弈论的概念与分类

2.5.1.1 博弈论的概念

冯·诺依曼和摩根斯坦于 1944 年出版的《博弈论与经济行为理论》奠定了博弈论的基础，并标志着这一独立的学科的诞生。20 世纪 50 年代，Nash 发表了《N 人博弈的均衡点》和《非合作博弈》两篇重要文章，Tucker 提出了“囚徒困境”的案例，产生了纳什均衡和均衡存在定理，为现代非合作博弈论奠定了基础。此外，诸如 Zelten 凝练的纳什均衡概念和 Hessani 的不完全信息概念之类的研究为博弈论的发展做出了重要贡献。到目前为止，博弈论已成为一门相对全面的学科。它的应用领域包括政治学、外交学、公共选择等，并已在经济学中得到广泛和成功的应用。

张维迎（1996）在《博弈论与信息经济学》一书中定义博弈论是从国际象棋、赌博等游戏的输赢问题演变而来的，用来研究“棋手”的行为策略选择及其均衡。也就是说，参与人在一定环境和制度的约束下利用现有的信息，选择和实施自己的行为或战略，并获得适当的结果或好处。张维迎还认为，在博弈论中决策主体符合经济学中的经济人假设，即追求个人利益最大化，并且在任何情况下都知道如何追求个人最大利益。

2.5.1.2　博弈论的分类

通常而言，博弈论可以分成两种不同的类型，即合作博弈（Cooperative Game）和非合作博弈（Non-Cooperative Game）。在1950年左右，合作博弈达到了顶峰。但是，由于合作博弈的复杂性和较低的理论成熟度，现代博弈论与合作博弈的概念（如预期效用理论等）关系不大，主要是指非合作博弈。

在理性人假说的前提下，非合作博弈可以从两个角度进行划分：一个是参与者的动作顺序，另一个是参与者对其他参与者的了解。因此，博弈论可分为完全信息静态博弈、完全信息动态博弈、不完全信息静态博弈和不完全信息动态博弈。相应的均衡概念可分为纳什均衡、子博弈完美纳什均衡、贝叶斯纳什均衡和贝叶斯完美均衡。在有限理性的前提下，演化博弈认为演化稳定性策略（Evolutionarily Stable Strategy，ESS）的解决方案是一个动态调整的过程，通常使用动态复制方程式。

2.5.2　各类博弈研究简述

2.5.2.1　完全信息静态博弈

完全信息静态博弈是所有参与者同时决策，且所有参与者对其他局中人在不同条件下的策略空间和收益函数完全了解的博弈问题。完全信息静态博弈的核心问题之一是纳什均衡问题，即每个局中人都不能通过改变策略来提高自己的收益，是一个相对静止的状态，因此称为均衡。Nash（1950，1951）用严密的数学语言定义了这一均衡，并在包含“混合策略”的情况下，证明了其在 N 人有限博弈中的普遍存在性。

纳什均衡可以划分为两种类型：纯策略和混合策略。纯策略纳什均衡的典型例子是普林斯顿大学的Tunker教授撰写的“囚徒困境”，针对这类模型，求解的方法通常有重复剔除严格劣策略法、画线法和箭头法（谢识予，2002）。当博弈模型中不存在纯策略纳什均衡时，必定存在一个混合策略纳什均衡（曹黎侠和黄光球，2014）。Aumann 和 Brandenburger（2016）给出了 N 人博弈中纳什均衡的充分条件，是博弈双方对博弈本身的认识和信念，以及双方的理性行为等。尹佳伟和程昆（2017）把图论的知识运用到两方完全信息静态博弈的纳什均衡求解中，在改进重复剔除严格劣策略法的基础上提出了一种新的求解方法。

完全信息静态博弈广泛应用于解决实际问题中。宋强等（2008）建立了网络内容提供商、互联网平台提供商、互联网用户和政府监管机构之间三个完整的完全信息静态博弈模型，通过模型均衡揭示网络内容监管的关键，并提出相应的建议。彭敏娇等（2019）在纳税人和税务机关之间建立传统的税收征收模式，确定了影响纳税人和税务机关行为和决策的因素。此外，还分别分析了国家税收与地方税收的变化，提出了在“互联网+”的背景下实现税收的良性征收的建设性建议。陈明艺和李娜（2017）构建了专用乘用车信息平台之间的静态数学模型，分析了两种补贴权数（或价值）对乘用车价格和乘用车选择价格的影响，长期不可行的补贴可以通过附加计算得到补贴的合理范围，为专用乘用车服务的长期稳定发展提出建议。

2.5.2.2 完全信息动态博弈

完全信息动态博弈指的是博弈者的行为是有序的，后行者可以观察到先行者的选择，从而做出相应的选择。Selten（1965）在补充了纳什均衡的概念后，明确了“子博弈纳什均衡”的定义，即剔除不可置信的威胁后，参与者的决策在任何时点都是最优的。Fudenberg 和 Tirole（1992）认为，对求解完全信息静态博弈的精炼均衡最方便的方法是逆向归纳法，即从最后一个子博弈开始倒推，每一步都消除博弈双方的错误选择，最后，在均衡路径中，每个博弈双方都是每个子博弈的主导选择。

国内学者应用完全信息动态博弈解决问题的比较少，其中隗易（2016）以中央与征税部门的完全信息动态博弈模型为基础，解释了共享税长期存在的原因。熊中楷等（2007）通过在由单个制造商和单个分销商组成的分散闭环供应链中采用三阶段动态博弈模型，研究了领先制造商如何确定质量惩罚和质量抽样检验的比例，指导和控制经销商收集废品的数量和质量。刁新军等（2008）将 Sackelberg 博弈的结果与传统的纳什讨价还价博弈的结果进行了横向和纵向的比较，得出 Sackelberg 博弈的结果可以使厂商获得更大优势的结论。

2.5.2.3 不完全信息静态博弈

不完全信息静态博弈是指不仅至少有一个参与者不知道其他参与者的收益函数，而且所有参与者进行决策时并不知道其他参与者的策略（或者行动）。在实际情况中，参与者实际上并不完全了解另一个参与者的偏好和收益函数，Harsanyi（1968）引入虚拟参与者即“自然”，将不完全信息博弈转化为完全但不完美的信息博弈，将不完全信息博弈转化为动态的两步博弈，此转换被称为“Harsanyi 转换”。与不完全信息静态博弈相对应的均衡概念是“贝叶斯纳什均衡”，在给定自身类型和另一个参与者类型概率分布的情况下，使其期望效用能够朝向极限发展（Fudenberg and Tirole，1991）。Zandt（2010）使用贝叶斯博弈的临时公式，证明了不完全信息静态博弈存在一个最大和最小过渡的贝叶斯纳什均衡。

在机制设计方面，Baron（1989）在监管者信息不完全、观察其管辖的企业行为能力有限的情况下，对监管机制和制度进行了设计。郝旭光等（2013）基于不完全信息静态博弈理论分析了市场监管者与上市公司之间的博弈行为，探究如何提高监管效果。

2.5.2.4 不完全信息动态博弈

与不完全信息动态博弈相对应的均衡概念是“精炼贝叶斯均衡”。它是完全信息动态博弈的子博弈精炼纳什均衡和不完全信息静态博弈的贝叶斯均衡的组合，即给定其他类型博弈者的信念，博弈者将在后续博弈中选择策略形成博弈贝叶斯。改进贝叶斯均衡的重要性在于一方根据另一方的观察行为改变其主观概率，并由此做出行为选择。Selten（1975）定义了“颤抖手均衡”，允许所有参与者犯错误，对扩展式博弈形式的优化和稳定做出了突出贡献。

信号传递博弈属于可以普遍应用的不完全信息动态博弈（Spence，1978）。张文杰和周静（2019）将研究的重心放在了信号传递博弈途径层面上，对我国的“雨露计划”如何进行扶贫补贴进行了深层次的探讨。赵凯和王健（2018）假设市场中存在领导者企业和追随者企业，在“序贯均衡”的框架下研究了企业并购的原因和企业并购的实际利润。KMRW 的声誉模型在重复博弈中引入了不完全信息，其在一定程度上解决了有限次重复不可能导致参与人相互合作的悖论（Wilson，1982）。王康等（2017）利用不完全信息动态博弈的方法，构建了保险公司与食品企业之间的声誉博弈模型、保险公司尽职检查博弈模型、中介机构和保险公司串谋博弈模型，探究了食品安全责任的保险问题。

2.5.2.5 演化博弈论

演化博弈论是由 Smith 和 Price（1973）提出的，为进化博弈论的迅速发展铺平了道路。相较于过去的博弈论，演化博弈论将动态演化分析与博弈论充分融合在一起，假设参与者在理性分析的框架下进行有限博弈，条件不需要完备，有限的统治者信息更符合现实理性，提出了基于个体之间交互执行、遵循和改变的动态决策过程。

在环境规制方面，潘峰和王琳（2020）建立了地方规制部门和排污企业间的演化博弈模型，研究了双方行为决策的影响因素。在资源配置方面，胡媛和毛宁（2016）研究了科技信息发布者在与企业的演化博弈中如何优化科技信息资源配置。在协同创新方面，徐刚和杨超（2020）求解出政府引导与风险投资引导的产学研协同创新的演化稳定策略。演化博弈论作为方法论在管理学研究中占有关键的地位，已广泛应用于经济学、管理学等诸多领域，对分析社会经济状况具有重要的理论意义。

综上，从国内外研究来看，博弈论在实务界和理论界越来越受到重视。现代非合作博弈理论已经形成了一套成熟的方法体系，为经济学、管理学等诸多领域提供了一种新的解决思路，是非常有效的分析工具。

2.6 机器学习

2.6.1 自组织特征映射神经网络

自组织特征映射（Self-Organizing Feature Map，SOM）神经网络理论于 1981 年由芬兰赫尔辛基理工大学的 Teuvo Kohonen 教授提出，该方法实现了高维数据的低维转化（Kohonen，1990）。在此之前的有监督学习网络如 BP（Back Propagation）神经网络，是以计算网络误差反向迭代为准则，而 SOM 神经网络不同于监督学习网络，位于 SOM 拓扑结构网络竞争层中的神经元是以竞争的方式响应输入变量，通过反复竞争得到最终胜利的神经元，并将其作为对输出，得到输入变量分类结果（Werbos，1988；Aboemagd et al.，2004）。

SOM 算法的实现基于人类计算机的运作模式，基于的前提假设为输入变量存在拓扑结构或顺序，将 n 维输入变量降维映射到二维输出平面。SOM 的优势在于可以对事先无标签的数据进行无监督学习聚类，本质上只含有输入层和隐藏层，其中，隐藏层的各节点代表聚成的类别，这种训练方式被称为“竞争学习”，使得输入变量在隐藏层找到相匹配的节点，故也称激活节点（Winning Neuron，WN）。在此之后，利用随机梯度下降法，更新激活节点参数，激活节点临近点也以此类推，更新相应参数。比较典型的 SOM 神经网络二维拓扑结构如图 2-1 所示，拥有与传统人工神经网络相同的基本特征，但其输入层和竞争层（输出层）不同。

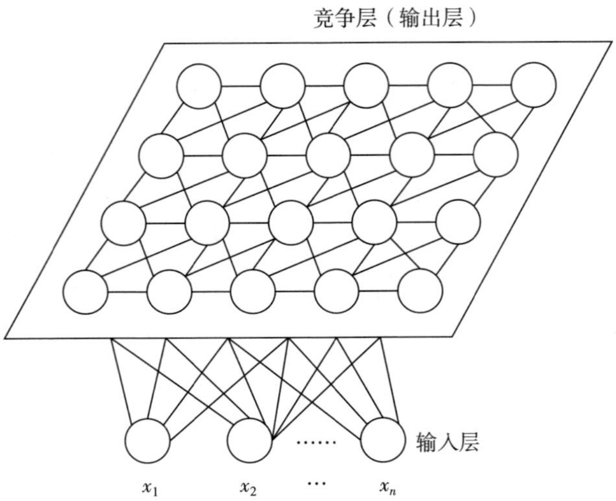

图 2-1　典型的 SOM 神经网络二维拓扑结构示意图

SOM 神经网络的算法和其他神经网络算法不同，其学习过程是一种无监督学习，通过竞争学习的方式将输入变量聚类，找到数据对象之间的内在逻辑关系，并将相似度高的类聚集在一起，根据需要将样本划分成不同类别。SOM 聚类可以通过 MATLAB 仿真实现，相同训练样本训练结果分布可能存在一定差异，但分类结果是相同的。基于此特性，利用 SOM 神经网络进行样本聚类，能够简化数据清洗预处理过程，提高训练的效率。

2.6.2　人工神经网络

人工神经网络（Artificial Neural Networks，ANN）技术兴起于 20 世纪 80 年代，是人工智能领域的研究热点。它是一种抽象、简化动物神经网络行为特征的模拟方法。该方法实现的是模仿人类大脑神经网络的信息处理模式，具有并行分布处理、智能化、自学习等功能，以及高容错性。

ANN 是由存储在网络内部的神经元通过节点连接权组成的一种信息响应网络拓扑结构（Arora et al.，2004）。细化 BP 神经网络结构有若干层神经元，有一层或多层隐含层节点，包括输入层（I）、隐含层（H，可以包含多级隐藏层）和输出层（O），神经元之间通常应用 Sigmoid 型传递函数，层与层之间神经元全连接，而每层各神经元之间互相独立、无连接。因此，每层神经元只接受前一层神经元的输入，每层神经元只会影响到下层神经元的输出。典型的 BP 神经网络结构如图 2-2 所示。

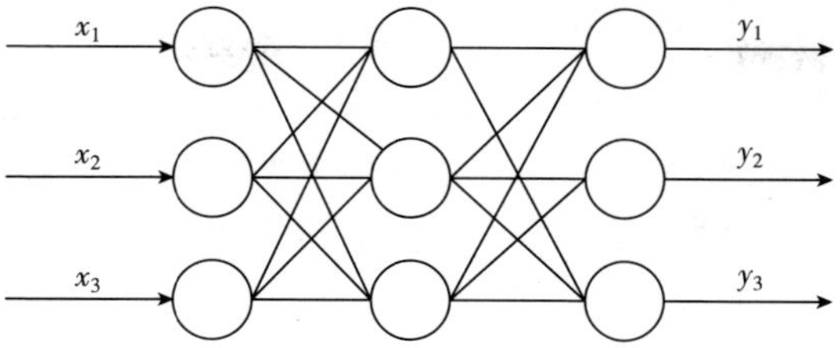

图 2-2 典型的 BP 神经网络结构

应用 BP 神经网络进行训练之前需要先确定隐含层神经元的个数，因为这会对神经网络性能产生影响：隐含层神经元过多，会导致学习时间长、效率低、泛化能力差等一系列问题；隐含层神经元过少，会导致网络性能过低，无法进行相应的模型训练。因此，隐含层神经元个数要事先确定。BP 神经网络具有显著的优势，如较强的自学能力、高适应能力、良好的泛化性能，能将从训练数据中所学习到的数据关系很好地运用到新数列当中，并且容错性能较高，即使在受到部分损伤时也能良好地工作，不影响结果的预测。

2.6.3 支持向量机

支持向量机（Support Vector Machines，SVM）是一种有监督学习模型，可以有效地实现数据分析、识别，通常用于数据分类和回归分析中（Danenas and Garsua，2015）。SVM 的理论基础是非线性映射，适用于小样本学习，可有效解决数据量不够的问题，其最终决策函数只由支持向量决定，避免了“维数灾难”，因而成为人工智能领域的研究热点。随着 SVM 相关理论的成熟，实际应用也逐渐深入且领域日益广泛，SVM 在各行各业都显现了应用优势，尤其是用于预警工作。SVM 的原理是通过分类研究数据集，寻找分类最优超平面，最优即分类间隔线将两类无错误地分开，使得超平面两旁的分类间隔最大，延伸到高维空间就形成了最优分类面，从而实现了数据线性分类最优解（Araki et al.，2016）。SVM 是基于数据的预处理来进行分类间隔的，如果数据集可以被线性函数完全分隔开来，那么证明该数据样本集是可分的。若不考虑空间维数，则该线性函数为超平面，分类线性函数如式（2-1）：

$$g(\boldsymbol{x})=\boldsymbol{w}^{\mathrm{T}}\boldsymbol{x}+b \tag{2-1}$$

式中：$\boldsymbol{x}$ 为样本向量；$\boldsymbol{w}$ 为样本向量的法向量；b 为移常量。

SVM 最优分类面，如图 2-3 所示。从中可以看出，样本可以被线 H（中间的实线）分开，超平面在二维空间是一条直线，图中线 H' 和 H''（两条虚线）都表示超平面，两条虚线各自将所有研究对象分为样本子集 C_1（实心点）和 C_2（空心点）。分布于分类超平面 H' 和 H'' 上的样本点为支持向量，H' 和 H'' 两条虚线之间的距离称为分类间隔。在无数超平面之间，最优超平面是指能将样本正确划分且样本点到超平面间的间隔达到最大的超平面，图中线 H 平行于分类超平面 H' 和 H''，并位于分类超平面 H' 和 H'' 之间使分类间隔最大化的位置。

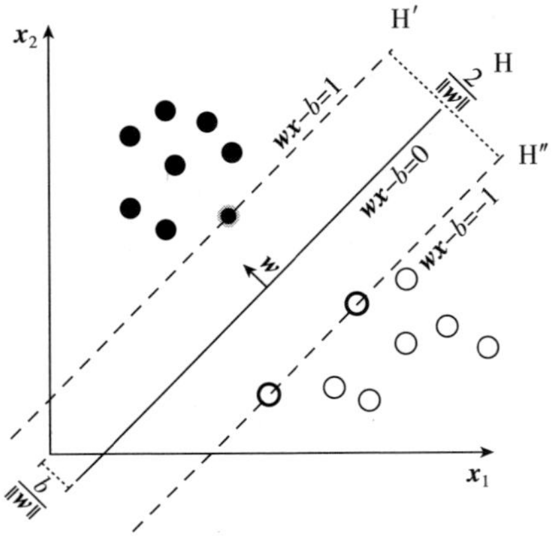

图 2-3　SVM 最优分类面示意图

第一，计算分类间隔。训练样本集中第 i 个训练样本可以表示为 $D_i=(x_i, y_i)$，其中 $\boldsymbol{x}_i$ 为输入向量，$y_i(i=1, 2, \cdots, N$；N 为样本个数）为分类标记。第二，分别计算每个样本点到某个超平面的间隔，用 δ_i 表示，表达式如式(2-2)：

$$\delta_i=y_i(\boldsymbol{w}^{\mathrm{T}}\boldsymbol{x}_i+b)=|g(\boldsymbol{x}_i)| \tag{2-2}$$

为了确定最优超平面，通常需要求得超平面间的最大距离，此时，需要将样本点最小间隔设置为 1，那么分类超平面间的极端距离可以表示为$\frac{2}{\|\boldsymbol{w}\|}$。其中，分类间隔和$\|\boldsymbol{w}\|$之间成反比，当$\|\boldsymbol{w}\|$最小，或者$\frac{1}{2}\|\boldsymbol{w}\|^2$ 最小时，分类超平面几何间隔最大，即：

$$y_i(\boldsymbol{w}^{\mathrm{T}}\boldsymbol{x}_i+b)-1\geqslant 0 \tag{2-3}$$

式（2-3）为最优超平面求解的约束条件，在该约束条件下使得$\frac{1}{2}\|\boldsymbol{w}\|^2$ 最小便得到最优平面。但是在解决实际问题时，会存在控制之外的离群点，如图 2-3 所示。离群点数过多会使超平面无法有效分割样本集，导致难以确定最优超平面，需要引入松弛变量$\{\xi_i\}_{i-1}^{N}$，松弛变量主要用于描述样本点对目标分类的

偏离程度。其中，当 $0<\xi_i \leqslant 1$ 时，样本点分类位于分类超平面正确的一侧；当 $\xi_i>1$ 时，样本点分类位于分类超平面错误的一侧。通过该方法，当目标样本集 $\{(x_i, d_i)\}_{i-1}^{N}$ 不可分割时，SVM 的优化原理可以转化为：

$$\min \frac{1}{2}\|\boldsymbol{w}\|^2 + C\sum_{i=1}^{N}\xi_i \tag{2-4}$$

$$\text{s. t.} \begin{cases} y_i(\boldsymbol{w}^{\mathrm{T}}\boldsymbol{x}_i+b) \geqslant 1-\xi_i \\ i=1, 2, \cdots, N; \ \xi_i \geqslant 0 \end{cases} \tag{2-5}$$

式（2-4）中，C 为惩罚系数，调节间隔大小和分类准确度偏好权重，当 C 太大时，表示该问题不允许分类误差样本存在；当 C 太小时，则表示可忽略分类是否正确，只需分类间隔达到最大。

2.6.4 随机森林算法

随机森林算法是由 Breiman 和 Cutler 提出的一种基于决策树的集成学习方法（Liang and Yang，2010）。随机森林算法的“随机”体现在随机样本和随机特征选择上，随机样本即在样本选取时，应用 Bootstrap 抽样技术从全部样本中随机选取同样大小的数据集；随机特征选取即通过如信息增益、信息增益率等纯度计算方法获得涵盖所有特征的若干个子集。“森林”体现在无须对每棵决策树剪枝，当树的规模增大到对最终决策结果无影响时，“森林”规模得以确定。随机森林算法利用 Bootstrap 抽样方法随机抽选多个样本之后，对每个样本进行决策树建模，构建多个分类器，再以投票的方式得到最终结果。

相较于其他机器学习方法，随机森林算法具有较好的表现性、稳定性、泛化能力、抗噪声能力，训练速度快，且抗过拟合能力较强，对数据集无须规范化（Biau and Scornet，2016）。如图 2-4 所示，随机森林算法具体流程如下：

（1）产生训练集。利用 Bootstrap 抽样方法，从原始样本容量为 N 的训练集合中随机且有放回地抽样 K 个样本量为 n 的样本训练集，K 为集分类的个数。

（2）构建决策树。对 K 个训练集构建决策树，但不进行剪枝处理，另外，在构建决策树的过程中随机抽取 m（$m \leqslant M$）个随机特征变量，而不是将 M（总特征数）个变量参与节点分裂，通常采用 CART 算法里基尼系数最小对其节点分裂。

（3）形成森林。重复上述两个步骤，最终生成 K 个决策树，合起来就生成了随机“森林”。不同分类树模型，相当于不同领域的专家将 K 个分类树集合，采用投票方式来预测分类结果，决策票数最多的 $h(x)$ 类别则为整体的输出结果。其中，通过 Bootstrap 抽样方法产生的 K 个决策树 $\{h(X, \theta_i), i=1, 2, \cdots$

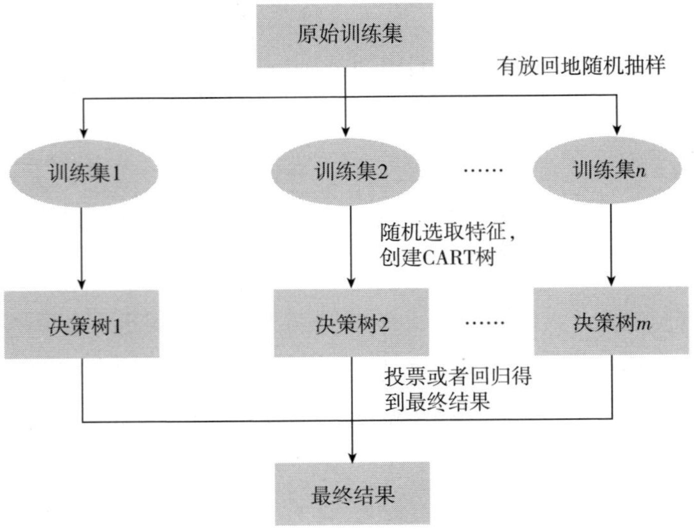

图 2-4　随机森林算法流程

$K\}$ 的组合分类器 $\{\theta_i\}$ 为随机向量，i 为决策树个数。对于新样本 X，随机森林的分类决策为 $H(x)=\arg\max\limits_{Y}\sum\limits_{i=1}^{K}I(h_i(x)=Y)$，其中 $H(x)$ 为随机森林模型的结果，$h_i(x)$ 为单个决策树模型的结果，Y 为目标变量，$I(\,)$ 为指示函数。

3

云会计软件定价

3.1 基于演化博弈的云会计软件定价

3.1.1 引言

完善的资源共享体系是云平台顺利运行的核心，不仅为云会计软件供应商提供了展示和推销产品的平台，同时也为客户企业提供了一个相对规范、有保障的消费环境（高亮等，2014）。周雄伟等（2019）发现，市场中消费者的购买力不同，产品质量的差异化可以满足不同的消费需求，从而吸引更多的消费群体，扩大受众范围，积累用户资源，不仅有利于企业初期开拓市场，也为企业后续长远发展奠定了基础。张亚兰（2016）研究了在平台即服务（Platform as a Service，PaaS）的运营模式下云财务服务定价的影响因素，并提出了应先利用较低的服务价格以占据消费市场，再通过提供优质的服务在竞争中塑造口碑、打造品牌以巩固消费群体的策略。曾诚和邵晓峰（2019）探讨了在虚拟网络交易环境下定制产品的成本构成，认为由于定制产品具有个性化的特性，所以定制产品的成本不仅包括普遍性的基础模块成本，还附加了定制环节的成本。白世贞和姜曼（2019）讨论了三种不同销售模式下消费者的等待时间对产品期望的影响，并发现这一因素会影响供应商的定价策略。史玉良等（2016）在强调用户隐私的前提下，利用参与方都获得理想资源分配的思想构造了独立定价和集中定价两种定价策略。罗琦等（2020）通过整理现有文献分析了资本市场中的非理性影响因素，如投资者情绪、媒体对市场的关注等行为对资产定价的影响，发现客观价格信息会受主观因素影响。李静和张玉林（2019）研究了用户不同的信息水平和参考定价对双边平台定价策略的影响，发现垄断平台在披露价格信息时设定了比实际价格更高的参照价格，消费者数量和利润会增加。DU 等（2019）在研究影响产品定价的因素时将供应商作为决策主体。研究发现，当在双渠道经营并面临线下库存约束时，对消费者同质失望厌恶的担忧会改变渠道定价策略的阈值。在互联网模式下，客户企业可根据自身需求选择不同的服务模式，大多数中小型企业选择软件即服务模式（Software as a Service，SaaS），即根据自身的需求在服务平台上订购应用软件（Radhi and Zhang，2018；Du et al.，2019；Basu et al.，2017）。因此，有必要对供应商企业采取何种定价策略和客户企业如何选择云软件产品进行深入的研究。

3.1.2 问题描述与博弈模型构建

3.1.2.1 问题描述与假设

随着电商平台的迅速发展，软件即服务等产品也需要融入互联网市场环境，云平台为云会计资源提供了新的交易场所。云会计软件也是一种云会计资源，云会计软件供应商入驻资源共享平台后采取的价格策略直接关系到供应商开辟新销售渠道的成败，供应商可以通过提供 24 小时随时服务或为使用相同品牌的用户增加内部数据资源共享服务来高价销售软件产品，也可以选择低价吸引消费群体来扩大用户量。客户企业作为消费方在云会计技术的发展下无疑是受益方，客户企业可以直接选择使用成品软件，与传统销售渠道获得的软件产品无异，优点是更快捷、更方便、成本更低；缺点是在行业兴起个性化定制软件产品的背景下，相比其他根据企业自身特点定制软件产品的竞争企业来说，企业的效用会有所降低。云平台中云会计软件的交易方式以 SaaS 模式为基础，在云会计软件产品（以下简称“软件产品”）客户企业与供应商之间进行价格博弈。具体假设如下：

（1）P 为使用软件产品所需支付的单位价格。其中，P_h 为软件产品的单位销售高价，P_l 为软件产品的单位销售低价，$P_h>P_l$。

（2）θ 为客户企业需要个性化定制软件产品服务需支付的边际附加单位价格。其中，θ_h 为客户企业采取高价策略时的边际附加单位价格，θ_l 为企业采取低价策略时的边际附加单位价格，$\theta_h>\theta_l$。

（3）Q 为软件的市场需求量，且假设软件产品带给客户企业的效用很可观，客户企业一定会使用该软件产品（刘平峰和谢坤英，2019）。其中，Q_h 为供应商采取高价策略时消费市场的软件产品需求量，Q_l 为供应商采取低价策略时消费市场的产品需求量。由于云平台还处于初期发展状态，客户企业还未成为各软件供应商的忠实消费者，其选择供应商受价格影响较大，所以供应商采取低价策略会吸引更多的用户，故 $Q_l>Q_h$。

（4）F 为供应商开发软件产品的固定成本。

（5）W 为供应商为客户企业定制个性化功能所产生的边际成本。

（6）R 为客户企业使用软件产品所带来的单位收益。其中，R_Y 为客户企业根据自身情况选择定制软件服务产生的单位收益，R_N 为客户企业直接使用成品软件（非定制软件产品）产生的单位收益。

（7）C 为企业选择非定制软件服务损失的企业效用。

（8）供应商对软件产品采取高价策略的概率是 x（$0<x<1$），采取低价策略的概率是 $1-x$；客户企业选择使用定制软件产品的概率是 y（$0<y<1$），选择使用非定制软件的概率是 $1-y$。

3.1.2.2 博弈模型构建

根据上述问题描述和模型假设，构建供应商采取高价策略或低价策略与客户企业选择定制软件产品或非定制软件产品的演化博弈模型，如表 3-1 所示。

表 3-1 云平台下软件产品定价博弈矩阵

供应商	客户企业	
	定制软件产品 y	非定制软件产品 $1-y$
高价策略 x	$(P_h+\theta_h)Q_h-F-W$，$(R_Y-P_h-\theta_h)Q_h$	P_hQ_h-F，$(R_N-P_h)Q_h-C$
低价策略 $1-x$	$(P_l+\theta_l)Q_l-F-W$，$(R_Y-P_l-\theta_l)Q_l$	P_lQ_l-F，$(R_N-P_l)Q_l-C$

供应商采取高价策略时的期望收益：

$$U_{sh}=y[(P_h+\theta_h)Q_h-F-W]+(1-y)(P_hQ_h-F) \tag{3-1}$$

供应商采取低价策略时的期望收益：

$$U_{sl}=y[(P_l+\theta_l)Q_l-F-W]+(1-y)(P_lQ_l-F) \tag{3-2}$$

供应商的平均收益：

$$\overline{U}_s=xU_{sh}+(1-x)U_{sl} \tag{3-3}$$

将式（3-1）、式（3-2）代入式（3-3），再依据 Malthusian 方程（谢识予，2017），可得供应商采取高价策略的复制动态方程：

$$X=\frac{\mathrm{d}x}{\mathrm{d}t}=x(U_{sh}-\overline{U}_s)=x(1-x)[P_hQ_h-P_lQ_l+(\theta_lQ_h-\theta_lQ_l)y] \tag{3-4}$$

同理可得客户企业选择定制软件产品的复制动态方程：

$$Y=\frac{\mathrm{d}y}{\mathrm{d}t}=y(U_{el}-\overline{U}_e)=y(1-y)[(R_Y-R_N)Q_l+C+(Q_h-Q_l)(R_Y-R_N)x] \tag{3-5}$$

联立式（3-4）、式（3-5）可得一个二维动力系统（I）：

$$\begin{cases}\dfrac{dx}{dt}=x(U_{sh}-\overline{U}_s)=x(1-x)[P_hQ_h-P_lQ_l+(\theta_hQ_h-\theta_lQ_l)y]\\ \dfrac{dy}{dt}=y(U_{el}-\overline{U}_e)=y(1-y)[(R_Y-R_N)Q_l+C+(Q_h-Q_l)(R_Y-R_N)x]\end{cases} \tag{3-6}$$

令$\dfrac{dx}{dt}=0$、$\dfrac{dy}{dt}=0$可求得系统（I）的平衡点，即供应商和客户企业动态演化博弈系统的五个纳什均衡点分别为$A(0,0)$、$B(0,1)$、$C(1,0)$、$D(1,1)$、$E(X_D,Y_D)$，其中，$X_D=\dfrac{(R_N-R_Y)Q_l-C}{(Q_h-Q_l)(R_Y-R_N)}$，$Y_D=\dfrac{P_lO_l-P_hQ_h}{\theta_hQ_h-\theta_lQ_l}$。

3.1.3 演化博弈分析

3.1.3.1 平衡点的稳定性分析

构建雅可比（Jaconbian）矩阵对上述所求得的平衡点进行稳定性分析（Friedman，1991），检验其是否符合演化稳定策略（ESS）。分别对式（3-4）和式（3-5）求关于 x 和 y 的偏导数，得出雅可比矩阵为：

$$\boldsymbol{J}=\begin{bmatrix}\dfrac{\partial X}{\partial x} & \dfrac{\partial X}{\partial y}\\ \dfrac{\partial Y}{\partial x} & \dfrac{\partial Y}{\partial y}\end{bmatrix}=\begin{bmatrix}a_{11} & a_{12}\\ a_{21} & a_{22}\end{bmatrix} \tag{3-7}$$

其中：

$a_{11}=(1-2x)[P_hQ_h-P_lQ_l+(\theta_hQ_h-\theta_lQ_l)y]$

$a_{12}=x(1-x)(\theta_hQ_h-\theta_lQ_l)$

$a_{21}=y(1-y)(Q_h-Q_l)(R_Y-R_N)$

$a_{22}=(1-2y)[(R_Y-R_N)Q_l+C+(Q_h-Q_l)(R_Y-R_N)x]$

如果满足下列条件：

（1）$a_{11}+a_{22}<0$（迹条件，其值记为 tr$\boldsymbol{J}$）。

（2）$\begin{vmatrix}a_{11} & a_{12}\\ a_{21} & a_{22}\end{vmatrix}=a_{11}a_{22}-a_{12}a_{21}>0$（行列式条件，其值记为 det$\boldsymbol{J}$）

则复制动态方程的平衡点就是局部（渐进）稳定的（韩小花，2010），该平衡点就是演化稳定策略。

为了便于假设分析，令 $W_p=P_hQ_h-P_lQ_l$，$W_\theta=\theta_hQ_h-\theta_lQ_l$。

命题 1 ①当 $W_p>0$，$W_\theta<0$，但$|W_\theta|<|W_p|$，$(R_N-R_Y)Q_h>C>(R_N-R_Y)Q_l$ 时，

系统(I)稳定于(高价，非定制)；②当 $W_p>0$，$W_\theta<0$，但 $|W_\theta|<|W_p|$，$C>(R_N-R_Y)Q_h$ 时，系统(I)稳定于(高价，定制)；③当 $W_p>0$，$W_\theta<0$，且 $|W_\theta|>|W_p|$，$C>(R_N-R_Y)Q_h$ 时，系统(I)稳定于(低价，定制)；④当 $W_p>0$，$W_\theta<0$，且 $|W_\theta|>|W_p|$，$(R_N-R_Y)Q_h>C>(R_N-R_Y)Q_l$ 时，系统(I)稳定于(低价，定制)和(高价，非定制)；⑤当 $W_p>0$，$W_\theta<0$，$(R_N-R_Y)Q_l>C$ 时，系统(I)稳定于（高价，非定制)。

证明：根据雅可比矩阵的两项条件，分别对上述命题中的均衡点进行局部稳定性检验。上述命题计算检验结果如表 3-2 至表 3-6 所示。

表 3-2 情况①稳定性分析

平衡点	tr$J$	det$J$	局部稳定性
(0, 0)		+	不稳定
(0, 1)	+	−	鞍点
(1, 0)	−	+	ESS
(1, 1)		−	鞍点

表 3-3 情况②稳定性分析

平衡点	tr$J$	det$J$	局部稳定性
(0, 0)		+	不稳定
(0, 1)	+	−	鞍点
(1, 0)	−	−	鞍点
(1, 1)		+	ESS

表 3-4 情况③稳定性分析

平衡点	tr$J$	det$J$	局部稳定性
(0, 0)		+	不稳定
(0, 1)	+	+	ESS
(1, 0)	−	−	鞍点
(1, 1)		−	鞍点

表 3-5 情况④稳定性分析

平衡点	tr$J$	det$J$	局部稳定性
(0, 0)	+	+	不稳定
(0, 1)	−	+	ESS
(1, 0)	−	+	ESS
(1, 1)	+	+	不稳定
(X_D, Y_D)		−	鞍点

表 3-6　情况⑤稳定性分析

平衡点	tr$J$	det$J$	局部稳定性
（0，0）	(+)	-	鞍点
（0，1）	-	-（+）	鞍点（不稳定）
（1，0）	+（）	+	ESS
（1，1）		+（-）	不稳定（鞍点）

3.1.3.2　演化结果分析

根据上述五种情况的稳定性分析结果，可得供应商与客户企业在各情况下的演化博弈过程，上述五种情况分别对应的动态演化相位图如图 3-1 所示。

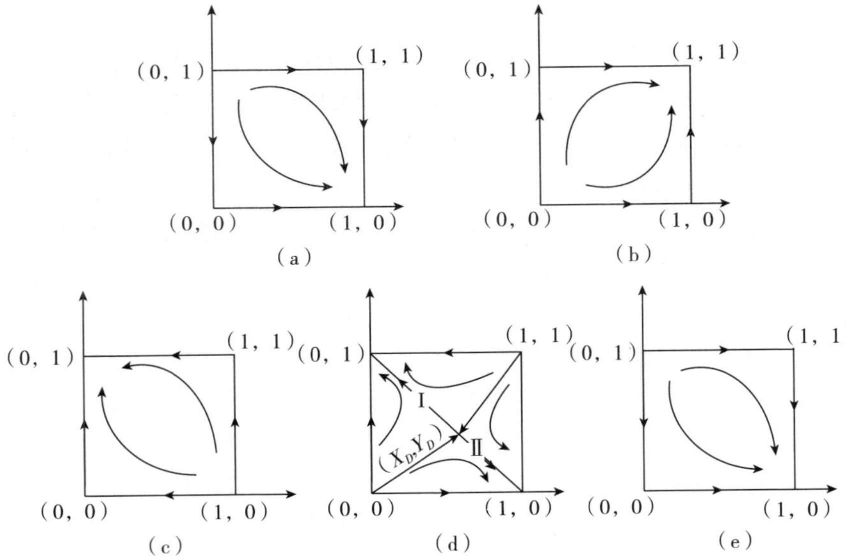

图 3-1　动态演化相位图

注：（a）对应情况①；（b）对应情况②；（c）对应情况③；（d）对应情况④；（e）对应情况⑤。

根据以上系统（I）的动态演化相位图，我们可以进行如下分析：

假设在供应商采取低价策略时客户企业对软件产品的需求多于供应商采取高价策略时的需求。在这样的前提下，即 $Q_l>Q_h$。为方便以下分析，令 β 表示低价策略时客户企业的软件需求量与高价策略时客户企业的软件需求量的比值，即 $\frac{Q_l}{Q_h}=\beta$，$\beta>1$。

(1) $W_p>0(P_h>\beta P_l)$、$W_\theta<0(\theta_h<\beta\theta_l)$，若客户企业要求非定制服务，则供应商采取高价策略会比采取低价策略产生更多的收益；若客户企业要求定制服务，则供应商采取低价策略的边际定制收入大于采取高价策略时的边际定制收入。但 $|W_\theta|<|W_p|$，$(P_h+\theta_h)>\beta(P_l+\theta_l)$，$(R_N-R_Y)Q_h>C>(R_N-R_Y)Q_l$。对于供应商来说，采取低价策略时软件的需求量带来的总收入低于采取高价策略时带来的总收入，换句话说，低价时的需求量与高价时的需求量之差对供应商收益的影响低于低价和高价本身带来的影响，所以此时供应商会倾向于采取高价策略；对于客户企业来说，非定制软件产品带来的效用损失大于低价策略时的需求量因高低价产生的收益差，但小于高价策略时的需求量因高低价产生的收益差，所以客户企业会倾向于选择非定制软件产品。如图 3-1（b）所示，在这种情况下，(1, 0) 是系统（I）的稳定点，(0, 0) 是不稳定点，(0, 1) 和 (1, 1) 是鞍点，即供应商对软件产品的销售价格采取高价策略，客户企业选择使用非定制软件产品，系统（I）稳定于（高价，非定制）。

(2) $W_p>0(P_h>\beta P_l)$、$W_\theta<0(\theta_h<\beta\theta_l)$，若客户企业要求非定制服务，则供应商采取高价策略会比采取低价策略产生更多的收益；若客户企业要求定制服务，则供应商采取低价策略的边际定制收入大于采取高价策略的边际定制收入。但 $|W_\theta|<|W_p|$，$(P_h+\theta_h)>\beta(P_l+\theta_l)$，$C>(R_N-R_Y)Q_h$。对于供应商来说，采取低价策略时软件的需求量带来的总收入低于采取高价策略时带来的总收入，换言之，低价时的需求量与高价时的需求量之差对供应商收益的影响低于低价和高价本身带来的影响，所以此时供应商会倾向于采取高价策略；对于客户企业来说，非定制软件产品带来的效用损失既大于低价策略时的需求量因高低价产生的收益差，也大于高价策略时的需求量因高低价产生的收益差，所以客户企业会倾向于选择定制软件产品。如图 3-1（d）所示，在这种情况下，(1, 1) 是系统（I）的稳定点，(0, 0) 是不稳定点，(0, 1) 和 (1, 0) 是鞍点，即供应商对软件产品的销售价格采取高价策略，客户企业选择使用定制软件产品，系统（I）稳定于（高价，定制）。

(3) $W_p>0(P_h>\beta P_l)$、$W_\theta<0(\theta_h<\beta\theta_l)$，若客户企业要求非定制服务，则供应商采取高价策略会比采取低价策略产生更多的收益；若客户企业要求定制服务，则供应商采取低价策略的边际定制收入大于采取高价策略的边际定制收入，且 $|W_\theta|>|W_p|$，$(P_h+\theta_h)<\beta(P_l+\theta_l)$，$C>(R_N-R_Y)Q_h$。对于供应商来说，采取低价策略时软件的需求量带来的总收入超过采取高价策略时带来的总收入，换句话说，低价时的需求量与高价时的需求量之差对供应商收益的影响已经超过低价和高价本身带来的影响，所以此时供应商会倾向于采取低价策略；对于客户企业来说，非定制软件产品带来的效用损失既大于低价策略时的需求量因高低价产生的

收益差，也大于高价策略时的需求量因高低价产生的收益差，所以客户企业会倾向于选择定制软件产品。如图 3-1（a）所示，在这种情况下，（0，1）是系统（I）的稳定点，（0，0）是不稳定点，（1，0）和（1，1）是鞍点，即供应商对软件产品的销售价格采取低价策略，客户企业选择使用定制软件产品，系统（I）稳定于（低价，定制）。

（4）$W_p>0(P_h>\beta P_l)$、$W_\theta<0(\theta_h<\beta\theta_l)$，若客户企业要求非定制服务，则供应商采取高价策略比采取低价策略会产生更多的收益；若客户企业要求定制服务，则供应商采取低价策略的边际定制收入大于采取高价策略的边际定制收入；且$|W_\theta|>|W_p|$，$(P_h+\theta_h)<\beta(P_l+\theta_l)$，$(R_N-R_Y)Q_h>C>(R_N-R_Y)Q_l$。对于供应商来说，采取低价策略时软件需求量带来的总收入超过采取高价策略时带来的总收入，即低价时的需求量与高价时的需求量之差对供应商收益的影响已经超过低价和高价本身带来的影响；对于客户企业来说，非定制软件产品带来的效用损失大于低价策略时的需求量因高低价产生的收益差，但小于高价策略时的需求量因高低价产生的收益差。如图 3-1（c）所示，在这种情况下，（1，0）和（0，1）是系统（I）的稳定点，（0，0）和（1，1）是不稳定点，（X_D，Y_D）是鞍点，但系统会平衡到（0，0）或（1，1）与演化博弈矩阵以及系统的初始状态有关，连接两个不平衡点且经过鞍点的折线可用于判别系统（I）收敛于何种情况，在折线的左上方，系统收敛到（0，1），也就是（低价，定制）；在折线的右下方，系统收敛到（1，0），也就是（高价，非定制）。

（5）$W_p>0(P_h>\beta P_l)$、$W_\theta<0(\theta_h<\beta\theta_l)$、$C<(R_N-R_Y)Q_l$，若客户企业要求非定制服务，则供应商采取高价策略会比采取低价策略产生更多的收益；若客户企业要求定制服务，则供应商采取低价策略的边际定制收入大于采取高价策略的边际定制收入。对客户企业来说，非定制软件产品带来的效用损失小于低价策略时的需求量因高低价产生的收益差，也小于高价策略时的需求量因高低价产生的收益差。在这种情况下，无论供应商采取低价策略还是高价策略，(1，0)都是系统(I)的稳定点，如图 3-1(e)所示。在这种情况下，当$|W_\theta|>|W_p|$，(1，0)是稳定点，(0，0)和(0，1)是鞍点，(1，1)是不稳定点；当$|W_\theta|<|W_p|$，(1，0)是稳定点，(0，0)和(1，1)是鞍点，(0，1)是不稳定点。也就是说，两种情况下，供应商都会对软件产品的销售价格采取高价策略，客户企业选择使用非定制软件产品，系统(I)稳定于（高价，非定制）。

3.1.3.3 参数变化对情况③的影响分析

当条件为 $W_p>0$、$W_\theta<0$，且$|W_\theta|>|W_p|$、$(R_N-R_Y)Q_h>C>(R_N-R_Y)Q_l$ 时，如图 3-1（c）所示，双方博弈稳定策略分别为（低价，定制）和（高价，非定

制）。判断该系统（I）收敛于何种情况，由区域Ⅰ的面积 S_1 以及区域Ⅱ的面积 S_2 的大小决定：若左上方（区域Ⅰ）的面积大于右下方（区域Ⅱ）的面积，即 $S_1<S_2$，则系统（I）收敛于（0，1），即供应商采取低价策略，客户企业选择使用定制软件产品；若右下方（区域Ⅱ）的面积大于左上方（区域Ⅰ）的面积，即 $S_1>S_2$，则系统（I）收敛于（1，0），即供应商采取高价策略，客户企业选择使用非定制软件产品；当 $S_1=S_2$ 时，表明系统收敛于两个均衡点（0，1）、（1，0）的概率相等。分析第四种情况的稳定均衡影响因素转化为分析区域Ⅰ和区域Ⅱ面积的影响因素。

经计算可知：

$$S_1=\frac{1}{2}\left(\frac{(R_N-R_Y)Q_l-C}{(Q_h-Q_l)(R_Y-R_N)}+\frac{(\theta_h+P_h)Q_h-(\theta_l+P_l)Q_l}{\theta_hQ_h-\theta_lQ_l}\right) \tag{3-8}$$

由式（3-8）可知，影响区域Ⅰ面积的参数共有 9 项，包括 R_N、R_Y、P_h、P_l、Q_h、Q_l、θ_h、θ_l、C，由于已经假设 $Q_l>Q_h$，故不再讨论需求量变化的影响，经分析可得到如下命题。

命题 2 客户企业使用定制软件产品获得的单位收益 R_Y 越高，使用非定制软件产品产生的单位收益 R_N 越低，则供应商采取低价策略而客户企业选择使用定制软件产品的概率就越大；反之，供应商采取高价策略而客户企业选择使用非定制软件产品的概率越大。

证明：将 S_1 分别对 R_N 和 R_Y 求导，$\frac{\partial S_1}{\partial R_N}=\frac{1}{2}\left(\frac{C(Q_l-Q_h)}{(Q_h-Q_l)^2(R_Y-R_N)^2}\right)<0$，$\frac{\partial S_1}{\partial R_Y}=\frac{1}{2}\left(\frac{C(Q_h-Q_l)}{(Q_h-Q_l)^2(R_Y-R_N)^2}\right)>0$，故 S_1 是 R_N 的减函数，是 R_Y 的增函数。当客户企业选择使用定制软件产品获得的单位收益越多，客户企业选择使用非定制软件产品获得的单位收益越少，系统（I）收敛于均衡点（0，1）的概率越大，即供应商采取低价策略时，客户企业选择使用定制软件产品的概率越大；反之，则表示系统（I）收敛于均衡点（1，0）的概率越大，即当供应商采取高价策略时，客户企业选择使用非定制软件产品的概率越大。证毕。

这表明，客户企业选择使用非定制的软件产品造成的损失效用已经超过使用非定制软件产品所节约的收益，所以此时其倾向于采取定制软件产品。

命题 3 供应商采取高价策略时，客户企业选择使用非定制软件产品的概率较大；供应商采取低价策略时，客户企业选择使用定制软件产品的概率较大。

证明：将 S_1 分别对 P_h、Q_h 和 P_l、Q_l 求导：

$$\frac{\partial S_1}{\partial P_h}=\frac{1}{2}\times\frac{Q_h(\theta_hQ_h-\theta_lQ_l)}{(\theta_lQ_l-\theta_hQ_h)^2}<0,\quad \frac{\partial S_1}{\partial \theta_h}=\frac{1}{2}\times\frac{Q_h(P_lQ_l-P_hQ_h)}{(\theta_lQ_l-\theta_hQ_h)^2}<0$$

$$\frac{\partial S_1}{\partial P_l}=-\frac{1}{2}\times\frac{Q_l(\theta_h Q_h-\theta_l Q_l)}{(\theta_l Q_l-\theta_h Q_h)^2}>0,\quad \frac{\partial S_1}{\partial \theta_l}=-\frac{1}{2}\times\frac{Q_l(P_l Q_l-P_h Q_h)}{(\theta_h Q_h-\theta_l Q_l)^2}>0$$

故 S_1 是 P_h、θ_h 的减函数，是 P_l、θ_l 的增函数。当供应商采取高价策略时，系统（I）收敛于均衡点（1，0）的概率更大，即供应商采取高价策略时客户企业选择使用非定制软件产品的概率更大；当供应商采取低价策略时，系统（I）收敛于均衡点（0，1）的概率更大，即供应商采取低价策略时客户企业选择使用定制软件产品的概率更大。证毕。

综上表明，客户企业是否选择使用定制软件产品受软件产品价格的影响：当软件产品价格处于高价时，客户企业会选择使用非定制软件产品；当软件产品价格处于低价时，客户企业会选择使用定制软件产品。

命题4：客户企业使用非定制软件产品对企业产生的损失效用越大，选择高价定制软件产品的概率越大；反之，其使用非定制软件产品对其产生的损失效用越小，选择低价非定制软件产品的概率越大。

证明：将 S_1 对 C 进行求导，$\frac{\partial S_1}{\partial C}=-\frac{1}{(Q_h-Q_l)(R_Y-R_N)}>0$，故 S_1 为 C 的减函数。当客户企业使用非定制软件产品对其产生的损失效用越大，系统（I）收敛于均衡点（0，1）的概率越大，即供应商采取低价策略而客户企业选择定制软件产品的概率越大；当客户企业使用非定制软件产品对其产生的损失效用越小，系统（I）收敛于均衡点（1，0）的概率越大，即供应商采取高价策略而客户企业选择非定制软件产品的概率越大。证毕。

3.1.4 其他情况分析

3.1.4.1 边际附加单位价格变化

上述演化博弈模型讨论的前提假设是供应商在高价策略下销售非定制软件产品的收益高于在低价策略下销售非定制软件产品的收益，但高价边际附加单位价格的收益低于低价边际附加单位价格的情况。由于定价的原因，也会出现高价边际附加单位价格的收益高于低价边际附加单位价格的情况，即 $Q_l>Q_h$，$W_p>0$，$W_\theta<0$。

（1）当$(R_N-R_Y)Q_h>C>(R_N-R_Y)Q_l$ 时，系统(I)稳定于(1，0)，即供应商采取高价策略，客户企业选择使用非定制软件产品，系统(I)稳定于（高价，非定制）。

（2）当 $C>(R_N-R_Y)Q_h$ 时，系统(I)稳定于（1，1），即供应商采取高价策略，客户企业选择使用定制软件产品，系统（I）稳定于（高价，定制）。

3.1.4.2 单位价格变化

上述演化博弈模型讨论的前提假设是供应商销售高价非定制软件产品的收益高于销售低价非定制软件产品的收益。若改变单位高价和单位低价之间的差距，则会出现供应商采取高价策略销售高价非定制软件产品的收益低于销售低价非定制软件产品的收益的情况，此时边际附加单位价格的高价和低价之差的变动会影响边际定制收入的大小，即会出现 $W_p<0$、$W_\theta>0$ 和 $W_p<0$、$W_\theta<0$ 两种情况。

（1）供应商销售高价非定制软件产品的收益低于销售低价非定制软件产品的收益，高价边际附加单位价格的收益高于低价边际附加单位价格的情况，即 $W_p<0$，$W_\theta>0$。

1）当 $|W_\theta|>|W_p|$、$C>(R_N-R_Y)Q_l$ 时，系统(I)稳定于(1，1)，即供应商采取高价策略，客户企业选择使用定制软件产品，系统(I)稳定于(高价，定制)。

2）当 $|W_\theta|>|W_p|$、$(R_N-R_Y)Q_h>C>(R_N-R_Y)Q_l$ 时，系统(I)稳定于(0，1)，即供应商采取低价策略，客户企业选择使用定制软件产品，系统(I)稳定于（低价，定制）。

3）当 $C<(R_N-R_Y)Q_h$ 时，系统(I)稳定于（0，0），即供应商采取低价策略，客户企业选择使用非定制软件产品，系统(I)稳定于（低价，非定制）。

（2）供应商销售高价非定制软件产品的收益低于销售低价非定制软件产品的收益，高价边际附加单位价格的收益低于低价边际附加单位价格的情况，即 $W_p<0$，$W_\theta<0$。

1）当$(R_N-R_Y)Q_h>C>(R_N-R_Y)Q_l$ 时，系统(I)稳定于（0，1），即供应商采取低价策略，客户企业选择使用定制软件产品，系统(I)稳定于（低价，定制）。

2）当 $C<(R_N-R_Y)Q_h$ 时，系统(I)稳定于（0，0），即供应商采取低价策略，客户企业选择使用非定制软件产品，系统(I)稳定于（低价，非定制）。

3.1.4.3 需求量变化

上述演化博弈模型讨论的前提假设是当供应商采取低价策略时客户企业对软件产品的需求大于供应商采取高价策略时的需求（$Q_l>Q_h$）。但也存在这种情况，当云平台发展成熟，成为行业趋势，带来的效益足够可观，客户企业对云平台上的软件产品需求程度已经超过客户企业对软件产品价格上的考虑，即($Q_h>Q_l$)。当 $Q_h>Q_{l1}$ 时，$W_p>0$，$W_\theta>0$。

（1）当$(R_N-R_Y)Q_h>C>(R_N-R_Y)Q_l$ 时，系统(I)稳定于(1，0)，即供应商采取高价策略，客户企业选择使用非定制软件产品，系统(I)稳定于(高价，不定制）。

（2）当 $C>(R_N-R_Y)Q_l$ 时，系统（I）稳定于（1，1），即供应商采取高价策略，客户企业选择使用定制软件产品，系统（I）稳定于（高价，定制）。

由此说明，如果高价的软件产品能以其带来的可观效益和细致的服务等低价软件产品不可替代的优点占据消费市场的多数份额，供应商就会采取高价策略，而客户企业会根据自身使用非定制软件产品产生的损失效用的影响程度来选择是否使用定制软件产品。

3.1.5 小结

本部分基于动态演化博弈建立了 SaaS 运营模式下的云平台软件产品定价博弈模型，以软件产品定价相关的条件为依据，分析了影响软件产品定价的有关要素，结果表明：供应商与客户企业的策略选择与软件的高低价差、产品需求量之比以及使用非定制软件产品的损失效用有关。其中，当供应商采取高价策略时客户企业的软件产品需求量小于低价时的需求量，供应商的定价策略主要受高低价之间的差距影响，若同时考虑系统平衡点，还会受到客户企业策略的影响；当供应商采取高价策略时客户企业的软件产品需求量大于低价时的需求量，供应商会采取高价策略；无论产品价格导致需求量如何变化，客户企业的策略选择都主要受使用非定制软件产品的损失效用的影响，损失较大则会选择使用定制软件产品，损失较小则会选择使用非定制软件产品，损失介于中间，则会根据供应商的价格策略而变化。

3.2 基于数据安全风险和质量差异化的云会计软件定价

3.2.1 引言

现有研究对云会计软件产品的定价多从网络外部性、产品质量差异、消费者转换成本、服务方式等角度分析。李静和张玉林（2019）研究了消费者不同的信息水平和参考定价对双边平台定价策略的影响，发现在用户信息水平较低时，平台最优定价随消费者参照价格的上升而上升，用户信息水平较高时，平台最优定价同时受网络外部性和参照价格的影响。周雄伟等（2019）细分网络外部性为自身和交互两种，发现在垄断市场情况下，自生网络外部性并不影响产品定价，而交互网络外部性存在时产品定价会受到影响。伍洛熠等（2020）细分消费者为质量敏感和价格敏感两种类型，探究网络外部性对产品最优价格的影响，结果发现：在消费者质量敏感市场中，质量差异程度是影响产品定价的因素；在消费者价格敏感市场中，市场占有率是提升企业利润的关键。Esteves 和 Resende（2019）研究了单一质量和个性化定制两种服务对产品价格及利润的影响，发现在个性化服务下消费者付出更高价格的意愿增加，且在歧视定价策略下企业会获得更高的收益。Guo 和 Ma（2018）对价格竞争进行了分析，发现软件供应商的定价行为取决于软件及服务的质量提升率和网络效应。吴士亮等（2018）构建了软件产品定价影响因素框架，采集实际数据进行聚类分析，发现生产成本是影响产品定价的重要因素，软件产品的应用类型和消费者类型对产品价格的影响不明显。李伟（2016）研究了消费者对软件产品质量下降的接受度及两阶段决策情况下消费者口碑对软件产品定价的影响，发现在对软件产品质量下降的接受度不同时，消费者口碑对软件产品的定价影响也不同。Zhang（2020）细分消费者为软件产品使用新用户和老用户，探究供应商进行产品升级和消费者转换的成本对产品定价的影响，发现如果消费者转换的成本高于产品升级的成本，则供应商应对新、老消费者采取歧视定价策略；同时，当新进入市场的供应商提供的软件产品与市场现有产品质量差异较小时，应模仿现有供应商的定价。杨锋等（2020）基于消费者效用模型，研究了盗版软件的存在和试用时长对正版软件定价的影响，得出正版软件的定价与盗版软件的成本呈正相关，同时提出在一定程度上增加试用时长有助于提升正版软件供应商的收益。Tsai 等（2011）通过实验得出结论，信息产品使用者愿意为高质量信息隐私安全保护机制付出更高的成本。沈月等（2021）讨论了品牌效应和产品信息安全保护对信息产品定价的影响，分析得出以下结论：当品牌效应明显时，竞争企业的信息安全保护程度需要存在一定程度的差距，信息产品的定价和利润才与信息安全保护程度成正比；当消费者更重视信息安全时，则没有信息安全保护程度差异的限制，企业的利润随信息安全保护程度的增加而增加。Mousavizadeh 等（2016）和 Stouthuysen 等（2018）研究了企业强调数据隐私保护服务对消费者效用的影响，发现企业对消费者数据隐私保护宣传或信息安全保障等的声明可降低消费者对数据安全风险的负面情绪，促进消费者的购买决策进而增加消费者效用、增加消费者的购买意愿。

综上所述，关于产品定价的文献多通过构造消费者效用函数来讨论定价模式的差异、网络外部性、信息透明度等因素对产品定价的影响，其中有关软件产品定价的文献研究成果较为丰富，讨论了不同消费者类型和市场、产品升级、转换成本、质量感知、数据隐私保护、盗版等因素对软件产品定价的影响。但在信息时代，数据随时生成和更新，数据的价值成为人们关注的问题，云会计软件数据的收集、传输、储存都在云端进行，数据安全保障是不可回避的问题，目前鲜有文章考虑云会计软件产品作为信息产品具有的数据安全风险对云会计软件产品定价的影响，且多从生产环节的角度讨论软件产品定价，忽略运营环节产生的成本。因此，在垄断市场情况下将消费者对云会计软件产品的数据安全风险感知纳入云会计软件产品定价的影响因素，从供应商运营角度讨论运营过程中持续服务产生的成本及供应商服务效率对云会计软件产品定价、市场需求、利润的影响是很有必要的。

3.2.2 模型假设

假设市场上仅有一个供应商，且该供应商提供的软件产品不是独立于其他同类产品的另一个市场，而是在原有软件产品的功能上根据消费者个性化功能需求进行二次开发以提高消费者效用的升级产品，每个消费者至多购买一个单位的软件产品。具体假设如下：

（1）θ 为消费者对软件产品功能实现个数的偏好程度，且服从［0，1］的均匀分布。

（2）q_i 为软件产品质量，用软件产品所能实现的功能数衡量，实现的功能越多越强大，软件产品质量越好。$i=l$，h，其中，l 为功能数量少的产品，h 为功能数量多的产品，且消费者的支付意愿随软件产品功能实现程度 q 的增大而增大，$q>0$。

（3）α 为供应商的服务效率，体现在供应商二次开发软件产品后对消费者个性化功能需求的实现程度上，α 越大，供应商的服务效率越高，满足消费者个性化功能需求的能力越强，服务效率对消费者效用越有积极影响，$\alpha>0$。

（4）N_i 为软件产品的市场占有率，由于该软件产品是在原有产品基础上进行二次开发的升级产品，因此市场占有率是该供应商提供的此服务在整个财务软件行业的比重。消费者效用与供应商提供的服务效率 α 及该软件产品的市场占有率 N 有关。假设该软件产品市场占有率的提高同时会促进供应商服务效率的提升，即该软件产品市场占有率的增加会使消费者效用随之增大，进一步，将服务效率对消费者效用的增加表示为 $\alpha N_i q_i$。

（5）r 为消费者使用该软件产品感知数据安全风险带来的单位负效用，软件产品的质量与消费者数据安全风险感知成反比，将消费者感知软件产品带来的负效用表示为$\frac{r}{q_i}$，$r>0$。

（6）U_i 为消费者购买软件产品 i 所获得的效用。其中，U_l 为消费者购买功能数量少的产品所获得的效用，U_h 为消费者购买功能数量多的产品所获得的效用。

（7）p_i 为软件产品 i 的销售价格。其中，p_l 为功能数量少的产品销售价格，p_h 为功能数量多的产品销售价格。

（8）π_i 为销售软件产品 i 的利润。其中，π_l 为供应商销售功能数量少的产品利润，π_h 为供应商销售功能数量多的产品利润。

假设市场中供应商生产决策及消费者购买决策均以自身利益最大化为目标。不同于其他传统产品，研究对象为信息产品，其成本主要包括研发费用、实施费用、二次开发费用、售后服务费用，模型不考虑软件产品研发阶段的人力成本及实施费用等固定开发成本，只讨论二次开发程度及售后服务所产生的运营成本对消费者效用的影响，构建服务效率与软件产品质量的二次函数$\frac{1}{2}\alpha q_i^2$ 来表示成本（张学龙等，2018；Colombo，2011）。

3.2.3 单一产品市场

根据上述模型假设，在单一产品市场中，消费者的购买决策细分为不购买、购买两种，如图 3-2 所示。

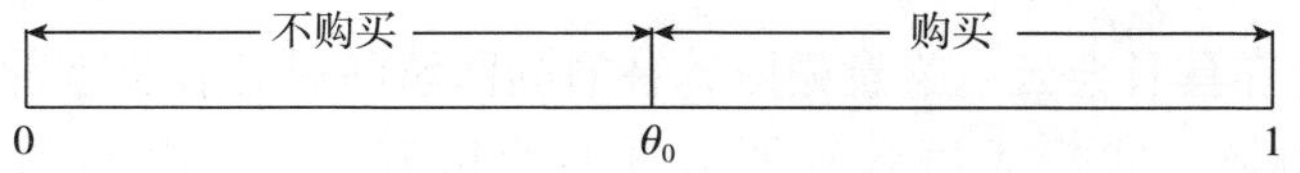

图 3-2 单一产品市场消费者购买决策图示

市场中唯一供应商的服务效率为 α，销售功能实现程度为 q，软件产品价格为 p，则消费者的效用为：

$$U=(\theta+\alpha N)q-\frac{r}{q}-p \tag{3-9}$$

消费者仅在获得效用为正的情况下购买该软件产品。令 $U=0$，可得消费者购买决策的无差异点为 $\theta_0=\frac{r}{q^2}+\frac{p}{q}-\alpha N$，该软件产品的市场占有率为 $N=1-\theta_0$，$N=\frac{q^2-rq-pq}{(1-\alpha)q^2}$，根据需求定理可推出 $\alpha\in(0,\ 1)$。

供应商利润：

$$\max \pi=(p-\frac{1}{2}\alpha q^2)N \tag{3-10}$$

通过对供应商利润函数求关于价格 p 的一阶导数可得最优定价：

$$p^*=\frac{1}{2}q\left(1+\frac{1}{2}\alpha q\right)-\frac{r}{2q} \tag{3-11}$$

将式（3-11）代入 $N=\frac{q^2-rq-pq}{(1-\alpha)q^2}$，可得市场占有率（消费者需求）：

$$N^*=\frac{-\alpha q^3+2q^2-2r}{(1-\alpha)4q^2} \tag{3-12}$$

将式（3-11）和式（3-12）代入式（3-10），可得供应商在价格 p^*、销量 N^* 情况下的利润：

$$\pi^*=\frac{(-\alpha q^3+2q^2-2r)^2}{16(1-\alpha)q^3} \tag{3-13}$$

分别对 p^*、N^*、π^* 求关于消费者数据安全风险感知 r 的一阶导数，可得 $\frac{\partial p}{\partial r}=-\frac{1}{2}q$，$\frac{\partial N}{\partial r}=-\frac{1}{2(1-\alpha)q^2}$，$\frac{\partial \pi}{\partial r}=\frac{2\alpha q^3-4q^2+4r}{8(1-\alpha)q^3}$，根据前提假设及实际情况有 $\alpha\in(0,1)$，$q>0$，$N>0$，可知 $\frac{\partial p}{\partial r}<0$，$\frac{\partial N}{\partial r}<0$，$\frac{\partial \pi}{\partial r}<0$。

命题 1 消费者数据安全风险感知的负效用影响软件产品的定价、需求及利润，消费者感知软件产品的负效用越大，软件产品的定价越低、市场需求越小，进而供应商利润越低。

在单一产品市场中，供应商服务效率和消费者数据安全风险感知都会影响软件产品定价，在不考虑供应方服务效率的情况下，讨论消费者数据安全风险感知对定价、需求及利润的影响。消费者数据安全风险感知带来的负效用使得软件产品定价降低，同时减少消费者获得效用 $\frac{r}{q}$，导致消费者购买决策无差异点向 1 点方向移动，进而使软件产品的市场需求减少，定价降低的同时市场需求也降低，故而供应商利润降低。对于销售单一产品或率先尝试新技术的软件产品供应商，消费者数据安全风险感知会降低产品的定价和减少消费者需求，最终降低企业利润。因此，软件产品供应商应加强对产品数据安全的保护，并在营销过程中着重体现企业在数据安全保护方面所取得的成果，降低消费者数据安全风险感知的负效用，减少对定价、需求及利润的影响。

3.2.4 差异化产品市场

随着业务不断成熟，供应商可以推出两种不同功能实现程度的软件产品 q_h

和 q_l，且 $q_h>q_l$。例如，某集团在其云会计产品中推出云会计标准版和云会计专业版，专业版比标准版多实现五大功能报表的生成及资产入库、变更、折旧、清理等全生命周期管理等功能。模型假设同单一产品市场相同，假设服务效率对消费者效用的影响与购买同一产品类型的市场需求相关，消费者的购买决策细分为不购买、购买功能数量少的软件产品和购买功能数量多的软件产品三种。如图 3-3 所示。

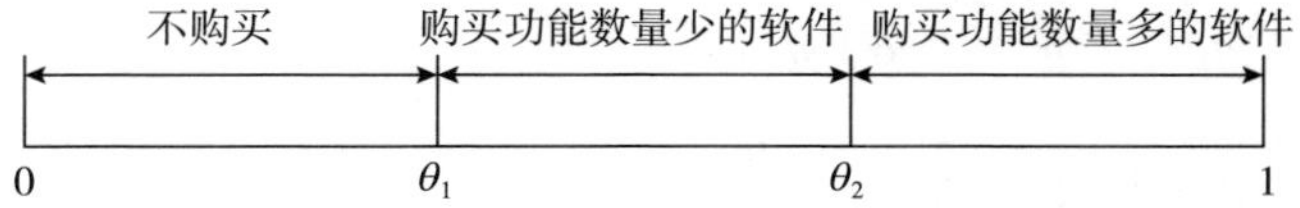

图 3-3　差异化产品市场消费者购买决策图示

θ_1 为消费者不购买与购买功能数量少的软件产品的无差异点，θ_2 为消费者购买功能数量多的软件产品与功能数量少的软件产品的无差异点，且 $\theta_2-\theta_1$ 为功能数量少的软件产品市场需求，$1-\theta_2$ 为功能数量多的软件产品市场需求（Baake and Boom，2001），消费者的效用为：

$$U_i=(\theta+\alpha N_i)\ q_i-\frac{r}{q_i}-p_i \tag{3-14}$$

式中：θ 为消费者对不同软件产品的偏好；N_i 为产品 i 的市场需求；q_i 为产品 i 的功能实现程度，以软件产品功能实现衡量，体现在产品质量上；r 为消费者对于产品 i 的数据安全风险感知的负效用，与产品 i 功能实现程度成反比，功能越强大，消费者感知带来的负效用越小，因此 $\frac{r}{q_h}<\frac{r}{q_l}$。令 $U_l=0$，可得 $\theta_l=\frac{r}{q_l^2}+\frac{p_l}{q_l}-\alpha N_l$，令 $U_h=U_l$，可得 $\theta_2=\frac{\alpha(N_hq_h-N_lq_l)+p_l-p_h}{q_l-q_h}+\frac{r}{q_lq_h}$，根据图 3-3 可知，功能数量少的软件产品市场需求 $N_l=\theta_2-\theta_1$，功能数量多的软件产品市场需求 $N_h=1-\theta_2$，将 θ_1、θ_2 代入可推出：

$$N_l=\frac{\alpha q_h^2q_l^2-p_hq_hq_l^2+(1-\alpha)p_lq_h^2q_l+(1-\alpha)rq_h^2-rq_l^2}{q_l[q_hq_l^2-(1-\alpha)^2q_h^2q_l]} \tag{3-15}$$

$$N_h=\frac{[(q_l-q_h-p_l+p_h)q_hq_l-rq_h+rq_l](1-\alpha)+\alpha q_hq_l^2-\alpha rq_h-\alpha p_lq_hq_l}{q_hq_l^2-(1-\alpha)^2q_h^2q_l} \tag{3-16}$$

两种软件产品的市场总需求：

$$N=N_l+N_h \tag{3-17}$$

供应商销售两种软件产品的总利润：

$$\max \pi_{p_h, p_l}=\left(p_l-\frac{1}{2}\alpha p_l^2\right)N_l+\left(p_h-\frac{1}{2}\alpha p_h\right)^2 N_h \tag{3-18}$$

要求销售价格 p_h、p_l 的最优解，式（3-18）二阶条件必须满足 Hessian 矩阵负定：

$$\begin{bmatrix} \dfrac{2(1-\alpha)q_h}{q_l^2-(1-\alpha)^2 q_h q_l} & \dfrac{-2}{q_l-(1-\alpha)^2 q_h} \\ \dfrac{-2}{q_l-(1-\alpha)^2 q_h} & \dfrac{2(1-\alpha)}{q_l-(1-\alpha)^2 q_h} \end{bmatrix} \tag{3-19}$$

当 $\dfrac{-2q_h q_l}{q_l-(1-\alpha)^2 q_h}<0$，且 $\dfrac{4(1-\alpha)^2 q_h}{q_l[q_l-(1-\alpha)^2 q_h]}-\dfrac{4}{[q_l-(1-\alpha)^2 q_h]}=\dfrac{4[(1-\alpha)^2 q_h-q_l]}{q_l[q_l-(1-\alpha)^2 q_h]^2}>0$ 时，满足条件，由此推出 $\alpha\in\left(0,\ 1-\sqrt{\dfrac{q_l}{q_h}}\right)$。通过对供应商总利润函数求关于价格 p_h、p_l 的一阶导数可得最优定价。

命题 2 供应商销售功能数量多的软件产品和功能数量少的软件产品的最优定价分别为 $p_l^*=\dfrac{q_l}{2}-\dfrac{r}{2q_l}+\dfrac{1}{4}\alpha q_l^2$，$p_h^*=\dfrac{q_h}{2}-\dfrac{r}{2q_h}+\dfrac{1}{4}\alpha q_h^2$。功能数量多的软件产品和功能数量少的软件产品的市场需求分别为：

$$N_l^*=\frac{-\alpha q_h^3 q_l^2-2\alpha q_h^2 q_l^2-2rq_l^2+(\alpha-\alpha^2)q_h^2 q_l^3+2r(1-\alpha)q_h^2}{4q_l[q_h q_l^2-(1-\alpha)^2 q_h^2 q_l]}$$

$$N_h^*=\frac{(-2q_h^2 q_l+2rq_l+\alpha q_h^3 q_l)(1-\alpha)+2q_h q_l^2-2rq_h-\alpha q_h q_l^3}{4q_l[q_h q_l^2-(1-\alpha)^2 q_h^2 q_l]}$$

供应商销售功能数量多的软件产品和功能数量少的软件产品的利润分别为：

$$\pi_l^*=\frac{-2\alpha q_h^3 q_l^4+(-4\alpha^2+2\alpha)q_h^2 q_l+4\alpha q_h^2 q_l^4+(4r-8\alpha r)q_h^2 q_l^2-4rq_l^4+2\alpha rq_h^3 q_l^2}{16q_l^2[q_h q_l^2-(1-\alpha)^2 q_h^2 q_l]}+$$
$$\frac{(4\alpha^2 r-4\alpha r)q_h^2 q_l^3-(4r^2-4\alpha r^2)+4r^2 q_l^2+\alpha^2 q_h^3 q_l^5-(\alpha^2-\alpha^3)q_h^2 q_l^6+2\alpha rq_l^5}{16q_l^2[q_h q_l^2-(1-\alpha)^2 q_h^2 q_l]}$$

$$\pi_h^*=\frac{(\alpha^3-\alpha^2)q_h^6 q_l+(4\alpha-4\alpha^2)q_h^5 q_l+\alpha^2 q_h^4 q_l^3-2\alpha q_h^4 q_l+(4\alpha-4)q_h^4 q_l-2\alpha q_h^3 q_l}{16q_h[q_h q_l^2-(1-\alpha)^2 q_h^2 q_l]}+$$
$$\frac{2\alpha q_h^4+4q_h^3 q_l^2+(4\alpha^2 r-4\alpha r)q_h^3 q_l-4rq_h^3+(8r-8\alpha r)q_h^2 q_l+2\alpha rq_h q_l^3}{16q_h[q_h q_l^2-(1-\alpha)^2 q_h^2 q_l]}+$$
$$\frac{-4rq_h q_l^2+4r^2 q_h-(4r^2-4\alpha r^2)q_l}{16q_h[q_h q_l^2-(1-\alpha)^2 q_h^2 q_l]}$$

从命题 2 可以推出，当供应商销售两种不同功能实现程度的软件产品时，功能数量多的产品和功能数量少的产品的定价都会受消费者数据安全风险感知的负效用影响，且软件产品的市场需求和利润会因供应商服务效率及消费者数据安全风险感知的负效用不同而不同。

为简化表达式，且不改变原式性质，令 $q_l=1$，$q_h=t(t>1)$。由产品定价大于产品成本得：

$$r<t^2-\frac{1}{2}\alpha t^3$$

功能数量少的软件产品的市场需求为：

$$N_l=\frac{(2t^2-2\alpha t^2-2)r-\alpha t^3+(3\alpha-\alpha^2)t^2}{4[t-(1-\alpha)^2t^2]}$$

功能数量多的软件产品的市场需求为：

$$N_h=\frac{(2-2\alpha-2t)r+(\alpha-\alpha^2)t^3+(2\alpha-2)t^2+(2-\alpha)t}{4[t-(1-\alpha)^2t^2]}$$

供应商销售功能数量少的软件产品的利润为：

$$\pi_l^*=\frac{(1+\alpha t^2-t^2)4r^2+[2\alpha t^3+(4\alpha^2-12\alpha+4)t^2+2a-4]r+\alpha(\alpha^2-2)t^3+\alpha(a^2-5\alpha+6)t^2}{16[t-(1-\alpha)^2t^2]}$$

供应商销售功能数量多的软件产品的利润为：

$$\pi_h^*=\frac{4(\alpha+t-1)r^2+(2\alpha t^3+4\alpha^2t^2-4\alpha t^2-4t^2-8\alpha t+8t+2\alpha-4)tr+(\alpha3-\alpha2)t^6}{16t[t-(1-\alpha)^2t^2]}+\frac{(4\alpha-4\alpha^2)t^5+(\alpha2+2\alpha-4)t^4+(4-2\alpha)t^3}{16t[t-(1-\alpha)^2t^2]}$$

命题 3 功能数量少的软件产品的价格、市场需求及利润受消费者数据安全风险感知的负效用及供应商服务效率影响。

a：功能数量少的软件产品的价格随消费者数据安全风险感知的负效用的升高而降低，随供应商服务效率的提高而升高。

证明：$\frac{\partial p_l}{\partial r}=-\frac{1}{2q_l}$，$\frac{\partial p_l}{\partial \alpha}=\frac{q_l^2}{4}$，$q_l>0$，故$\frac{\partial p_l}{\partial r}<0$，$\frac{\partial p_l}{\partial \alpha}>0$，证毕。

这表明，当消费者对功能数量少的软件产品的数据安全风险担忧程度越高，对该种类型的软件产品价格的接受度也会越低，在实际情况中体现为如果使用该软件产品可能会给企业带来破坏性较大的风险，如数据泄露、黑客攻击等未知状况，消费者会对此类产品的价格选择较为严格。同理，供应商提供的服务效率越高，越能满足消费者的个性化功能需求，消费者越愿意承担一定成本使用该软件，且由 $r<t^2-\frac{1}{2}\alpha t^3$ 可知，服务效率的增加会降低消费者对数据安全风险的感知，从而降低消费者数据安全风险感知的负效用，对该类型产品价格的接受度会

上升。

b：功能数量少的软件产品市场需求随消费者数据安全风险感知的负效用的增加而减少。

证明：$\frac{\partial N_l}{\partial r}=\frac{(1-\alpha)t^2-1}{2[t-(1-\alpha)^2t^2]}$，令 $f_N(\alpha)=t-(1-\alpha)^2t^2$，$\frac{\partial f_N(r)}{\partial\alpha}=t^2(1-\alpha)$，又有 $\alpha\in\left(0, 1-\sqrt{\frac{1}{t}}\right)$，故$\frac{\partial f_N(r)}{\partial\alpha}>0$，且 $f_N(0)=t-t^2<0$，$f_N\left(1-\sqrt{\frac{1}{t}}\right)=0$，故 $f_N(\alpha)$ 在区间内恒小于 0。令 $g_N(\alpha)=(1-\alpha)t^2-1$，$\frac{\partial g_N(\alpha)}{\partial\alpha}=-t^2<0$，且 $g_N\left(1-\sqrt{\frac{1}{t}}\right)=t-1>0$，故 $g_N(\alpha)$ 在区间内恒大于 0，综上可推出$\frac{\partial N_l}{\partial r}<0$，$N_l$ 是关于 r 的减函数。

根据情况 a 进一步分析，消费者数据安全风险感知的负效用增加会降低消费者对此类产品的价格接受度，甚至消费者考虑到数据风险带来的负效用极大可能超过使用软件产品所获得的正效用，因此消费者会选择放弃使用此类产品，这导致产品市场需求减少。

c：当 $r<\frac{6\alpha t^2-\alpha t^3-2\alpha^2t^2-2t^2-\alpha+2}{4+4\alpha t^2-4t^2}$时，供应商的利润随消费者数据安全风险感知的负效用的增加而减少；当$\frac{6\alpha t^2-\alpha t^3-2\alpha^2t^2-2t^2-\alpha+2}{4+4\alpha t^2-4t^2}<r<t^2-\frac{1}{2}\alpha t^3$ 时，供应商的利润随消费者数据安全风险感知的负效用的增加而增加。

证明：$\frac{\partial\pi_l}{\partial r}=\frac{(4+4\alpha t^2-4t^2)r+\alpha t^3-6\alpha t^2+2\alpha^2t^2+2t^2+\alpha-2}{8[t-(1-\alpha)^2t^2]}$，令 $g_\pi(\alpha)=t-(1-\alpha)^2t^2$，证明同上。

$g_\pi(\alpha)$ 在区间 $\alpha\in\left(0, 1-\sqrt{\frac{1}{t}}\right)$ 里恒小于 0。

令 $f_{\pi_l}(\alpha)=(4+4\alpha t^2-4t^2)r+\alpha t^3-6\alpha t^2+2\alpha^2t^2+2t^2+\alpha-2$，其中 $4+4\alpha t^2-4t^2$ 在 $\alpha\in\left(0, 1-\sqrt{\frac{1}{t}}\right)$ 区间里恒小于 0。

令 $h_{\pi_l}(\alpha)=2t^2\alpha^2+(t^3-6t^2+1)\alpha+2t^2-2$，对关于 α 的二次方程求解，判别式 $\Delta\pi_l=(2t^3-12t^2+2)^2-4t^2(4t^2-4)$。

当 $1<t<4$ 时，$\Delta\pi_l>0$，二次方程 $h_{\pi_l}(\alpha)=0$ 的两个根分别为：

$$\alpha_1=\frac{-t^3+6t^2-1-\sqrt{t^6-12t^5+20t^4+2t^3+4t^2+1}}{4t^2}$$

$$\alpha_2=\frac{-t^3+6t^2-1+\sqrt{t^6-12t^5+20t^4+2t^3+4t^2+1}}{4t^2}$$

存在 $t_1(\approx 4)$ 和 $t_2(\approx 7.96)$，使得 $\alpha_1=\alpha_2$，否则 $\alpha_2>\alpha_1$。

故当 $1<t<4$ 时，存在 $\alpha_2>\alpha_1>1-\sqrt{\frac{1}{t}}$，$g_{\pi_l}(\alpha)>0$，$\frac{\partial \pi_l}{\partial r}<0$。

同理，可推当 $t=t_1=t_2$ 时，$\frac{\partial \pi_l}{\partial r}<0$。

当 $t>4$ 时，$\Delta_{\pi_l}<0$，$g_{\pi_l}(\alpha)>0$。

综上可得：当 $r<r_1\left(r_1=\frac{6\alpha t^2-\alpha t^3-2\alpha^2t^2-2t^2-\alpha+2}{4+4\alpha t^2-4t^2}\right)$ 时，$f_{\pi_l}(\alpha)>0$，$\frac{\partial \pi_l}{\partial r}<0$；当 $\frac{6\alpha t^2-\alpha t^3-2\alpha^2t^2-2t^2-\alpha+2}{4+4\alpha t^2-4t^2}<r<t^2-\frac{1}{2}\alpha t^3$ 时，$f_{\pi_l}(\alpha)<0$，$\frac{\partial \pi_l}{\partial r}>0$。

当消费者对数据安全风险的感知较小时，供应商服务水平较高，从情况 a 和情况 b 可推得：当 $r<r_1$ 时，价格随着消费者对数据安全风险感知的增加而减小，消费者对功能数量少的软件产品需求也减少，导致功能数量少的产品利润降低。

由情况 b 可知，服务效率的增加会降低消费者对数据安全风险的感知，可以反推消费者较大的数据安全风险感知是因为供应商服务水平较低，在整体服务水平较低的环境下，服务效率的增加会使原本购买功能数量多的产品的消费者选择功能数量少的产品，因为供应商整体服务效率提高使得功能数量少的产品满足消费者的需求，功能数量少的产品需求增多；由情况 a 可知，价格随着服务效率的增加而增加，此时，供应商利润增加。在实际情况中，当某种软件产品初投入市场中，消费者往往会对其持有较高的数据安全风险感知，但对供应商的服务效率有着较高的敏感性，服务效率的提高会使功能数量多的产品和功能数量少的软件产品价格差距拉大，消费者转而购买价格相对较低的功能数量少的软件产品，再利用提升后的服务效率对软件进行二次开发。

命题 4 功能数量多的软件产品价格、市场需求及利润受消费者数据安全风险感知的负效用及供应商服务效率的影响。

a：功能数量多的软件产品价格随消费者感知数据安全风险负效用的升高而降低，随供应商服务效率的升高而增加。

证明：$\frac{\partial p_h}{\partial r}=-\frac{1}{2q_h}$，$\frac{\partial p_h}{\partial \alpha}=\frac{q_h^2}{4}$，$q_h>0$，故 $\frac{\partial p_h}{\partial r}<0$，$\frac{\partial p_h}{\partial \alpha}>0$，证毕。

这表明当消费者对使用功能数量多的软件产品的数据安全风险担忧程度越高，对该种类型的软件产品价格接受度也会随之降低，在实际情况中体现为如果使用该软件产品可能会给企业带来破坏性较大的风险，比如数据泄露、黑客攻击等未知状况，消费者会对此类产品的价格选择较为严格。同理，若供应商提供的服务效率越高，越能满足消费者的个性化功能需求，消费者越愿意承担一定成本使用该软件，且由 $r<t^2-\frac{1}{2}\alpha t^3$ 可知，服务效率的增加会降低消费者对数据安全风险的感知，从而降低消费者数据安全风险感知的负效用，对该类型产品价格接受度上升。

b：功能数量多的软件产品的市场需求随消费者数据安全风险感知的负效用的增加而增加。

证明：$\frac{\partial N_h}{\partial r}=\frac{1-\alpha-t}{2[t-(1-\alpha)^2t^2]}$，令 $f_{N_h}(\alpha)=1-\alpha-t$，在区间 $\alpha\in\left(0,\ 1-\sqrt{\frac{1}{t}}\right)$ 内 $f_{N_h}(\alpha)$ 恒小于 0。令 $g_{N_h}(\alpha)=t-(1-\alpha)^2t^2$，在区间 $\alpha\in\left(0,\ 1-\sqrt{\frac{1}{t}}\right)$ 内 $g_{N_h}(\alpha)$ 恒小于 0，故可推出 $\frac{\partial N_h}{\partial r}>0$。

由于 $\frac{\partial(p_h^*-p_l^*)}{\partial r}>0$，可推出功能数量多和功能数量少的软件产品价格差随消费者数据安全风险感知的增加而增加，由情况 a 可知，消费者对数据安全风险感知的增加会使消费者对功能数量多和功能数量少的两种软件产品的价格接受度都降低，但对功能数量少的产品价格接受度的影响相对较大，而功能数量多的软件产品服务效率的提升会使选择该软件产品的消费者的数据安全风险感知降低，同时促进选择该软件产品的消费者效用增加，这意味着功能数量多的软件产品质量提升带来的正效用可以弥补消费者对该类产品数据安全风险感知增加带来的负效用，从而促进功能数量多的软件产品市场需求增加。

c：当 $\alpha\in\left(0,\ \frac{2-2t}{-t^3-4t+1}\right)$ 时，供应商利润随消费者数据安全风险感知的负效用的增加而降低。

d：当 $\alpha\in\left(\frac{2-2t}{-t^3-4t+1},\ 1-\sqrt{\frac{1}{t}}\right)$ 时，供应商利润随消费者数据安全风险感知的负效用的增加而增加。

证明：$\frac{\partial q_h}{\partial r}=\frac{(4\alpha+4t-4)r-\alpha t^4-(4\alpha-2)t^2-(2-\alpha)t}{8[t-(1-\alpha)^2t^2]}$，令 $g_{\pi_h}(\alpha)=t-(1-\alpha)^2t^2$，证明同上。

$g_{\pi_h}(\alpha)$ 在区间 $\alpha\in\left(0,\ 1-\sqrt{\frac{1}{t}}\right)$ 内恒小于 0；令 $f_{\pi_h}(\alpha)=(4\alpha+4t-4)r-\alpha t^4-$

$(4\alpha-2)t^2-(2-\alpha)t$，在区间 $\alpha\in\left(0,\ 1-\sqrt{\frac{1}{t}}\right)$ 内 $4\alpha+4t-4$ 恒小于零。

令 $h_{\pi_h}(\alpha)=(-t^3-4t+1)\alpha+2t-2$，当 $\alpha<\frac{2-2t}{-t^3-4t+1}$ 时，$h_{\pi_h}(\alpha)>0$，且当 $r<\frac{\alpha t^4+4\alpha t^2-2t^2+2t-\alpha t}{4\alpha+4t-4}$ 时，$f_{\pi_h}(\alpha)>0$，$\frac{\partial \pi_{q_h}}{\partial r}<0$；当 $\frac{2-2t}{-t^3-4t+1}<\alpha<1-\sqrt{\frac{1}{t}}$ 时，$f_{\pi_h}(\alpha)<0$，$\frac{\partial \pi_{q_h}}{\partial r}>0$。

情况 c 表明，当供应商服务效率较低时，消费者对软件产品的数据安全风险敏感性较高，当消费者数据安全风险感知逐渐增加时，功能数量多的软件产品服务效率的提升减少的消费者数据安全风险感知负效用的影响程度，大于低服务效率情况下功能数量多的软件产品带来的正效用，消费者效用降低，消费者或转而选择价格较低的功能数量少的软件产品，或放弃使用该类产品，导致功能数量多的软件产品的市场需求降低，由情况 a 可知，当消费者对软件产品的数据安全风险感知增加，软件产品价格也会降低，从而导致功能数量多的软件产品利润下降。

情况 d 表明，当供应商服务效率较高时，有 $\frac{\partial(p_h^*-p_l^*)}{\partial r}>0$，功能数量多和功能数量少的软件产品价格差随消费者数据安全风险感知的增大而增加，由情况 a 可知，消费者数据安全风险感知的增加会使消费者对功能数量多和功能数量少的两种软件产品的价格接受度都降低，但对功能数量少的产品价格接受度的影响相对较大，这意味着当供应商服务效率较低时，消费者数据安全风险感知的增加会导致功能数量少的软件产品价格下降较多，而功能数量多的软件产品价格也会下降但变化幅度并不大。

由情况 b 可知，功能数量多的软件产品服务效率提升带来的正效用促进该软件产品市场需求增加，此时，功能数量多的软件产品的利润随消费者安全效用的增加而增加。

3.2.5 小结

本部分通过构建博弈模型研究了消费者数据安全风险感知对云会计软件产品供应商定价、市场需求、利润的影响。分析结果表明，当供应商只提供单一化产品时，云会计软件产品价格、市场需求、利润随消费者对云会计软件产品数据安全风险感知的增加而降低。当供应商提供差异化产品时，功能数量多和功能数量少的软件产品定价都随消费者对云会计软件产品数据安全风险感知的增加而降低，不同的是功能数量少的软件产品的市场需求会随消费者对云会计软件产品数据安全风险感知的增加而降低，功能数量多的软件产品的市场需求会随消费者对云会计软件产品数据安全风险感知的增加而增加。对于功能数量少的软件产品，存在一个服务效率节点使得利润随着消费者对云会计软件产品数据安全风险感知的增加先下降后上升。对于功能数量多的软件产品，当供应商服务效用较低时，利润随消费者对云会计软件产品数据安全风险感知的增加而降低；当供应商服务效率较高时，利润随消费者对云会计软件产品数据安全风险感知的增加而增加。

根据结果可以得出以下结论：一是加大产品数据安全宣传。当供应商提供的产品种类较为单一时，供应商服务效率虽影响定价、市场需求及供应商运营成本，但影响程度低于消费者对云会计软件产品数据安全风险感知带来的负效用，云会计软件产品定价、市场需求、利润主要受云会计软件产品数据安全风险感知的影响，相较于提升运营过程中的服务效率，云会计软件产品垄断供应商更应注重提升数据安全保护的能力，可以通过数据安全技术展示或广告宣传降低消费者对云会计软件产品数据安全风险的感知，促进消费者效用提升，扩大市场需求，增加供应商利润。二是提升服务效率、宣传个性化定制服务。当存在质量差异化产品时，功能数量多的云会计软件产品只有在供应商服务效率较高时才能抵消消费者数据安全风险感知的负效用，使得消费者安全效用增加。三是扩大质量差异化程度。当存在质量差异化产品时，功能数量多的云会计软件产品带给消费者效用的积极影响能弥补消费者数据安全风险感知增加带来的负效用，故功能数量多的云会计软件产品质量越高，越能保障市场需求。

4

云会计资源共享主体行为博弈

4.1 基于观望期的供求双方主体行为博弈

4.1.1 引言

当今，共享经济已经渗透各行各业。在 HUAWEI CONNECT 2018 上，华为技术有限公司以“平台的力量”为主题分享了“平台+X+生态”的模式如何帮助企业加速转型（黄海峰，2018）。在“浪潮世界 2018”大会上，浪潮集团决定与合作者共同搭建起“中国开源工业互联网 PaaS 联盟”，其布局的工业互联网生态系统将促进未来百万家企业的数字化转型（石菲，2018）。Google、Salesforce、Amazon、Facebook、Uber 等众多企业都纷纷建立数字共享平台。作为“第三次全球化”的推动因素，平台和云正在重构全球化本身（Martin et al.，2016）。新的环境和新的变革向云会计使用者和云会计服务供应商提出了新的需求和挑战。因此，建立云平台，集中整合、共享云会计资源，既符合时代发展趋势，又可实现多方共赢。

近年来，国内外相关学者对于平台及共享经济、会计资源共享、演化博弈的研究主要集中在以下几个方面：卢现祥（2016）研究得出，通过平台开展的共享经济可以实现资源的最佳配置，降低彼此的交易成本。在共享过程中，制度供给成为关键因素。魏小雨（2018）研究了基于互联网的平台经济模式，指出互联网平台经济以“平台”为基础，将不同的需求主体联系起来，实现沟通交易；以“共享”为特质，将资源集中整合，交易主体各取所需；以“微”为动向，平台将“小”和“个性”集中，中小微企业是重要源头。王健（2014）认为，近些年的会计信息共享只是局限于企业内部系统，并不能在一个系统化的平台上进行，并对未来的平台式会计信息共享进行了展望。张庆华和李善秀（2015）把企业会计信息共享分为内部共享和外部共享，并且针对企业内部会计信息共享构建了会计信息共享的融合模型，以应对会计信息共享可能存在的风险。Nowak 和 Sigrnund（2004）指出，演化博弈理论把群体行为不断变化的过程视为一个动态系统，把博弈主体看作有限理性者，突破了以往博弈论理性假设的局限，强调系统动态的均衡。Martin Kaae Jensen 和 Alexandros Rigos（2018）指出，当群体中个体的有限策略集的策略进行交互时，会出现非一致随机匹配进化对策，任意匹配后，出现博弈中的纳什均衡和复制动态方程，因此在群体活动中总是存在一定的匹配规则，从而导致系统达到稳定。

综上，国内外学者对于平台及共享经济、会计资源共享和演化博弈方面展开了一定的研究。以上研究表明，平台及共享经济是大势所趋。从博弈角度考虑云平台资源共享的研究相对少见。鉴于此，本部分从观望期的角度探究云会计资源共享环境下的供求双方行为博弈，分析企业博弈决策的影响因素，以期促进云平台发展，加快云会计资源共享体系建设。

4.1.2 问题的描述

4.1.2.1 云平台概述

随着人工智能、云计算、大数据时代等网络技术的到来，以互联网为核心的技术革命催生了新的信息技术浪潮。云会计就是这一新兴技术浪潮下的产物。越来越多的企业选择云会计，云会计供应商也随之增多。在此情况下，为了多方共赢互利，集中整合资源，在政府监管下针对云会计资源搭建一个云平台就显得尤为重要。云平台示意图如图 4-1 所示。

云平台和大多数共享平台类似，是一种虚拟的资源云池。云平台由物理资源层和虚拟资源层做底层支撑，为客户企业及供应商提供云服务。它除具备云计算平台的基本功能以外，还提供类似电商平台的交易和服务功能，同时云平台本身也可以是提供云服务的供应商。在云平台上，平台本身及入驻平台的供应商提供云服务，客户企业可以购买云服务，同时进行云会计资源共享。构建云平台的主要目的就是把云会计服务客户企业和提供云会计服务的供应商集中起来，通过云平台实现云会计资源整合及快速优化配置，打造一个多主体共赢互利的生态圈。为了高效地实现云会计资源共享，云平台需要接入大量云服务供应商和有云会计资源共享需求的客户企业来不断完善和优化平台建设，力求早日实现云平台的实际规模效益。

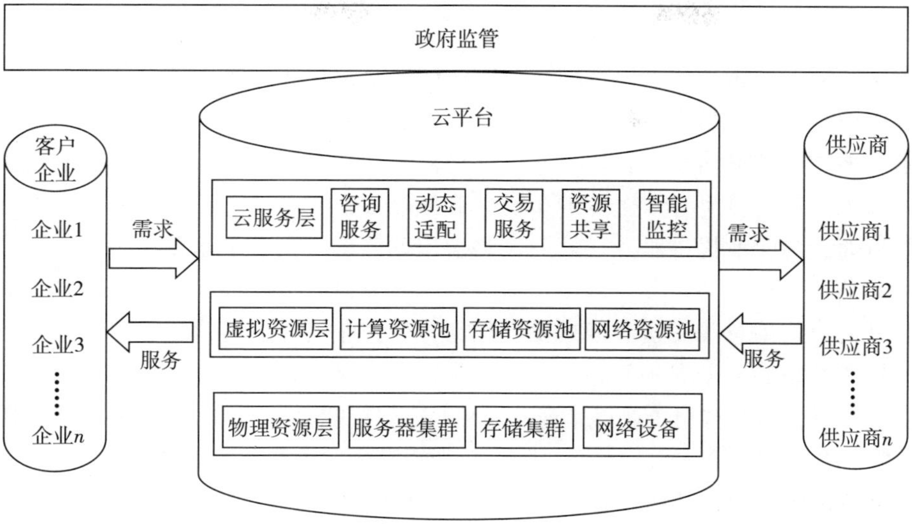

图 4-1 云平台示意图

4.1.2.2 云会计资源共享内容

吴胜等（2015）将云会计资源分为五类：网络、服务器、存储、应用和服务。基于云平台的云会计资源共享除以上五类云会计资源外，还包括四部分。一是站在客户企业角度的供应商相关信息，如供应商的服务类型、价格、售后服务以及对供应商的整体评价等内容。二是站在供应商角度的客户企业相关信息，如客户企业的基础数据、需求类型、预估购买价格等。三是客户企业之间的相关信息，如云会计使用过程中财务的处理方式、决策信息等。四是供应商之间的相关信息，如合作供应商的技术升级信息、竞争供应商的产品和服务价格信息、产品服务差异等。综上所述，基于云平台的云会计资源共享内容包括：①网络——物理网络及虚拟网络；②服务器——提供计算服务的设备；③存储——连接在计算机上的存储设备资源或共享存储；④应用——供应商提供的可以直接在计算机上使用的服务；⑤服务——供应商提供的一切劳务、咨询及产品；⑥客户企业相关信息——财务处理方式、决策信息、预估购买价格等；⑦供应商相关信息——技术升级信息、产品和服务价格等。

4.1.2.3 企业云会计资源共享行为分析

对于大部分企业尤其是中小微企业来说，开发和使用云会计资源将会耗费大量的人力、物力、财力。此时，基于云平台进行云会计资源共享的优势就展现无遗。具体的优势如下：第一，弹性计算。客户企业可以根据实际业务或者计算需要，灵活购买云会计资源，彻底实现按需交付、按需使用、按需付费，节省一大笔费用。第二，云平台可以帮助客户企业动态匹配合适的供应商。客户企业在众多云服务供应商产品和服务中挑选适合自己的产品及服务是一件难事。云平台整合了众多供应商的信息，客户企业可以将自己的需求发布到云平台，云平台根据企业需求，综合分析客户企业的布局、业务等各个方面，推荐符合客户企业标准的供应商，为企业提供服务。第三，共享相关信息。客户企业在云平台上可以共享多类信息，如云会计资源的使用情况、供应商售后服务情况，以及客户企业愿意公开的决策信息等。这些信息可以帮助客户企业更好地运营。客户企业进行云会计资源共享后，若遇到问题，则不再是孤立无援的状态。

资源供应商和客户企业选择进入云平台之前可能会考虑以下问题：一是风险问题。客户企业担心进入云平台有风险，数据不安全，信息会泄露，因此对云会计资源共享持观望态度。二是云平台服务。云平台服务包括提供云会计资源，匹配供应商与客户企业，为企业提供上云咨询服务、智能监控及云会计资源运营与维护。

4.1.3 演化博弈模型的基本假设与收益矩阵

4.1.3.1 基本假设

基于以上的分析，从资源供应商和客户企业的角度出发，考虑在云平台的影响下供应商与客户企业的策略选择。此处所指的资源供应商与客户企业均尚未加入云平台但是有共享资源意愿和资源需求，对于是否加入云平台进行云会计资源供给或云会计资源共享处于观望状态，因此称为观望期。在此期间，供应商和客户企业是否会选择进行云会计资源共享是一个不断反复的动态博弈过程。在博弈过程中，二者的动机均由利益驱动，在相互学习与相互模仿的作用下，做出是否进行云会计资源共享的决策。博弈参与者均为有限理性者，且伴随着云平台的不断完善，基于是否会选择云会计资源共享，在持续动态变化的环境中进行反复的战略决策。因此，本部分基于演化博弈理论，提出以下假设：

假设 1：资源供应商（A）和客户企业（B）的策略选择空间均为（云会计资源共享，云会计资源不共享）。如果选择云会计资源共享，客户企业将会获得共享收益，同时也将付出一定的成本。如果选择云会计资源不共享，则资源供应商与客户企业无相关利益关系。

假设 2：共享收益主要来源于从云平台获取的信息资源，这些信息资源可以帮助客户企业调整自身的战略决策、优化财务流程等。共享收益包括直接收益与间接收益两个部分。直接收益指的是客户企业之间通过共享云会计资源所获得的收益。主要受云会计资源共享量 K_i（$i=A$，B）与资源转化能力 V_i（$i=A$，B）二者的共同影响。因此，直接收益可用 K_iV_i（$i=A$，B）表示。间接收益指的是云平台服务 S_i（$i=A$，B）、企业人员综合素质 P_i（$i=A$，B）的提升，故资源供应商与资源客户企业的间接收益可表示为 S_iP_i（$i=A$，B），S_i、P_i 均≥0。一般来说，共享收益中直接收益占绝大部分。同时，云平台为鼓励资源供应商和客户企业加入云平台进行云会计资源共享，对资源供应商和客户企业提供一定金额的激励 R。

假设3：资源供应商和客户企业会因为选择云会计资源共享付出一定的成本。成本不仅包括经济成本和机会成本，还包括共享风险成本。设 C 为企业选择云会计资源共享的成本及风险系数（该系数包含了机会成本因素、风险因素等），并且 $0<C<1$。因此，资源供应商和客户企业的共享成本分别为 C_AK_A、C_BK_B。同时，假设客户企业选择云会计资源不共享时获取云平台上的信息资源付出的成本（用 ΔC 表示）将会大于选择云会计资源共享时付出的成本。

假设4：资源供应商和客户企业选择云会计资源共享的概率分别为 X、Y，则选择云会计资源不共享的概率分别为 $1-X$、$1-Y$。其中 $X\in[0,1]$、$Y\in[0,1]$，并且都是关于时间 T 的函数。

以上变量名称及其含义如表4-1所示。

表4-1 变量名称及其含义

变量名称	含义
X	资源供应商加入平台的概率
Y	客户企业加入平台的概率
S	云平台服务
P	企业人员综合素质
K	云会计资源共享量
V	云会计资源转化能力
T	时间
C	企业选择云会计资源共享的成本及风险系数
ΔC	客户企业选择云会计资源不共享时获取云平台上的信息资源付出的成本
R	云平台对资源供应商和客户企业提供的一定金额的激励

4.1.3.2 收益矩阵

博弈参与者在是否选择加入平台的抉择中进行着不断反复的博弈，直到找到最优策略趋于稳定。根据上述假设，构建如表 4-2 所示的供应商与客户企业云会计资源共享行为收益矩阵。

表 4-2　供应商与客户企业云会计资源共享行为收益矩阵

资源共享行为		客户企业 *B*	
		云会计资源共享（*Y*）	云会计资源不共享（1-*Y*）
供应商 A	云会计资源共享（*X*）	$K_BV_A+S_AP_A+R-C_AK_A$	$S_AP_A+R-C_AK_A$
		$K_AV_B+S_BP_B+R-C_BK_B$	$-\Delta C_B$
	云会计资源不共享（1-*X*）	$-\Delta C_A$	$-\Delta C_A$
		$S_BP_B+R-C_BK_B$	$-\Delta C_B$

4.1.4　演化博弈模型分析

此处，借鉴 Friedman（1991）提出的用 ESS 的雅可比行列式值大于 0 且矩阵迹值小于 0 的方法来进行分析。

4.1.4.1　单边复制动态方程分析

基于表 4-2 研究群体之间的演化动态规律，也就是复制动态方程。首先需要构建收益期望函数。资源供应商选择云会计资源共享策略的收益期望函数、选择云会计资源不共享策略的收益期望函数以及平均收益分别为：

$$U_{A1}=Y(K_BV_A+S_AP_A+R-C_AK_A)+(1-Y)(S_AP_A+R-C_AK_A) \tag{4-1}$$

$$U_{A2}=Y(-\Delta C_A)+(1-Y)(\Delta C_A) \tag{4-2}$$

$$U_A=XU_{A1}+(1-X)U_{A2} \tag{4-3}$$

根据式（4-1）和式（4-3），即资源供应商的期望收益和平均收益，可以构造资源供应商进行云会计资源共享行为的复制动态方程：

$$F(X)=\frac{dX}{dT}=X(U_{A1}-U_A)=X(1-X)(YK_BV_A+S_AP_A+R-C_AK_A-\Delta C_A) \tag{4-4}$$

式中：$F(X)$为随着时间的推移资源供应商选择云会计资源共享策略的变化率。对于资源供应商而言，当 $Y=\dfrac{\Delta C_A+C_AK_A+R-S_AP_A}{K_BV_A}$时，$F(X)=0$，说明所有的 X 都是稳定状态，如图 4-2（a）所示。当 $Y\neq\dfrac{\Delta C_A+C_AK_A+R-S_AP_A}{K_BV_A}$时，$X=0$ 和 $X=1$ 是稳定状态，其中 $X=0$ 对应的 ESS 为资源供应商选择云会计资源不共享，$X=1$ 对应的 ESS 为资源供应商选择云会计资源共享。对 $F(X)$ 求导可得：

$F(X)'=(1-2X)(YK_BV_A+S_AP_A+R-C_AK_A-\Delta C_A)$。此时，$Y$ 的取值有两种可能。

当 $Y<\dfrac{\Delta C_A+C_AK_A+R-S_AP_A}{K_BV_A}$时，$F(X)'\mid_{X=0}<0$，$F(X)'\mid_{X=1}>0$。此时，$X=0$ 是演化稳定策略，Y 继续减小，X 也不断减小，说明供应商不共享资源是最优策略，如图 4-2（b）所示。

当 $Y<\dfrac{\Delta C_A+C_AK_A+R-S_AP_A}{K_BV_A}$时，$F(X)'\mid_{X=0}>0$，$F(X)'\mid_{X=1}<0$。此时，$X=1$ 是演化稳定策略，Y 继续增大，X 也不断增大，说明供应商共享资源是最优策略，如图 4-2（c）所示。

同理可得客户企业复制动态方程及稳定策略演化相图：

$$F(Y)=\frac{dY}{dT}=Y(U_{B_1}-U_B)=Y(1-Y)(XK_AV_B+S_BP_B+R-C_BK_B-\Delta C_B) \quad (4-5)$$

式中：$F(Y)$ 为随着时间的推移客户企业选择云会计资源共享策略的变化率。当 $X=\dfrac{\Delta C_B+C_BK_B+R-S_BP_B}{K_AV_B}$时，$F(Y)=0$，说明所有的 Y 都是稳定状态，如图 4-2（a）所示。当 $X\neq\dfrac{\Delta C_B+C_BK_B+R-S_BP_B}{K_AV_B}$时，$Y=0$ 和 $Y=1$ 是稳定状态。对 $F(Y)$ 求导可得：$F(Y)'=(1-2Y)(XK_AV_B+S_BP_B+R-C_BK_B-\Delta C_B)$。此时，$X$ 的取值有两种可能：

当 $X<\dfrac{\Delta C_B+C_BK_B+R-S_BP_B}{K_AV_B}$时，$F(Y)'\mid_{Y=0}<0$，$F(Y)'\mid_{Y=1}>0$。此时，$Y=0$ 是演化稳定策略，X 继续减小，Y 也不断减小，说明客户企业不共享资源是最优策略，如图 4-2（b）所示。

当 $X>\dfrac{\Delta C_B+C_BK_B+R-S_BP_B}{K_AV_B}$时，$F(Y)'\mid_{Y=0}>0$，$F(Y)'\mid_{Y=1}<0$。此时，$Y=1$ 是演化稳定策略，X 继续增大，Y 也不断增大，说明客户企业共享资源是最优策略，如图 4-2（c）所示。

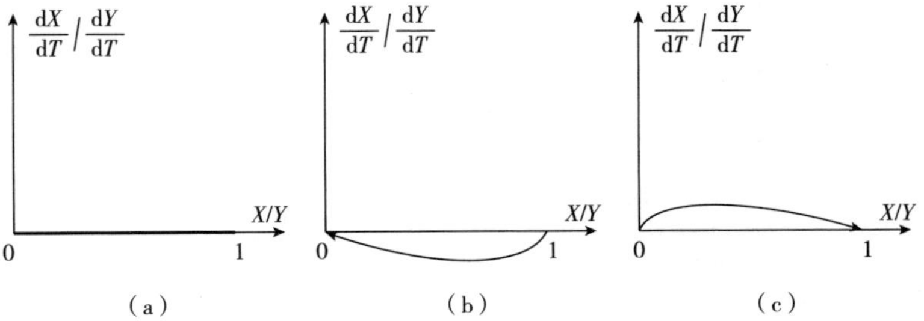

图 4-2 企业群$\dfrac{A}{B}$稳定策略演化相图

4.1.4.2 动态复制系统稳定性分析

由微分方程式（4-4）和式（4-5）可得一个二维动态系统：

$$\begin{cases}\dfrac{\mathrm{d}X}{\mathrm{d}T}=X(1-X)(YK_BV_A+S_AP_A+R-C_AK_A-\Delta C_A)\\ \dfrac{\mathrm{d}Y}{\mathrm{d}T}=Y(1-Y)(XK_AV_B+S_BP_B+R-C_BK_B-\Delta C_B)\end{cases}$$

该动态系统中存在 5 个局部均衡点：$O(0, 0)$，$E(0, 1)$，$F(1, 0)$，$G(1, 1)$，$H(X_D, Y_D)$。其中，$Y=\dfrac{\Delta C_A+C_AK_A-R-S_AP_A}{K_BV_A}$，$X=\dfrac{\Delta C_B+C_BK_B-R-S_BP_B}{K_AV_B}$。五个均衡点一起构成了云会计资源共享行为的博弈解域：$\{(X, Y)\mid 0\leqslant X\leqslant 1, 0\leqslant Y\leqslant 1\}$。接着，可利用雅可比矩阵推导五个局部均衡点的稳定性：

$$\boldsymbol{J}=\begin{bmatrix}\dfrac{\partial F(X)}{\partial X} & \dfrac{\partial F(X)}{\partial Y}\\ \dfrac{\partial F(Y)}{\partial X} & \dfrac{\partial F(Y)}{\partial Y}\end{bmatrix}$$

$$\boldsymbol{J}=\begin{bmatrix}(1-2X)(YK_BV_A+S_AP_A+R-C_AK_A-\Delta C_A) & X(1-X)K_BV_A\\ Y(1-Y)K_AV_B & (1-2Y)(XK_AV_B+S_BP_B+R-C_BK_B-\Delta C_B)\end{bmatrix} \tag{4-6}$$

此时，需要使用雅可比矩阵的行列式 det$\boldsymbol{J}$ 和迹 $tr\boldsymbol{J}$ 判定这个博弈模型五个均衡点的稳定性，从而找出稳定点，得到 ESS。当 det$\boldsymbol{J}>0$ 且迹 $tr\boldsymbol{J}<0$ 时，均衡点就是稳定点。将五个局部均衡点的值代入式（4-6），得到五个局部均衡点稳定状态的具体取值，如表 4-3 所示。

表 4-3 各个稳定状态的具体取值

均衡点	$\dfrac{\partial F(X)}{\partial X}$	$\dfrac{\partial F(X)}{\partial Y}$	$\dfrac{\partial F(Y)}{\partial X}$	$\dfrac{\partial F(Y)}{\partial Y}$
O	$S_AP_A+R-C_AK_A-\Delta C_A$	0	0	$S_BP_B+R-C_BK_B-\Delta C_B$
E	$K_BV_A+S_AP_A+R-C_AK_A-\Delta C_A$	0	0	$-(S_BP_B+R-C_BK_B-\Delta C_B)$
F	$-(S_AP_A+R-C_AK_A-\Delta C_A)$	0	0	$K_AV_B+S_BP_B+R-C_BK_B-\Delta C_B$
G	$-(K_BV_A+S_AP_A+R-C_AK_A-\Delta C_A)$	0	0	$-(K_AV_B+S_BP_B+R-C_BK_B-\Delta C_B)$
H	0	Y_1	X_1	0

由表 4-3 可知，H 点的迹恒为 0，故该点不可能是稳定点。接下来探讨 O、E、F、G 四个点的稳定情况。令$\begin{cases}S_AP_A+R-C_AK_A-\Delta C_A=M_A\\S_BP_B+R-C_BK_B-\Delta C_B=M_B\\K_BV_A+S_AP_A+R-C_AK_A-\Delta C_A=N_A\\K_AV_B+S_BP_B+R-C_BK_B-\Delta C_B=N_B\end{cases}$，由于 $N_i \geq M_i$，因此，四个均衡点一共有九种随机配对的策略，不同情况下各个均衡点的稳定性分析如表 4-4 所示。

从上面的演化博弈稳定性分析可以看出，企业的行为策略与共享收益、共享成本及风险参数有密切的关系。云会计资源共享的稳定策略有以下几种可能：

第一，当 $S_AP_A+R-C_AK_A-\Delta C_A<0$ 且 $S_BP_B+R-C_BK_B-\Delta C_B<0$，即共享间接收益小于共享成本与风险时，系统的演化稳定策略为（0，0），供应商和客户企业均采取云会计资源不共享的策略。

第二，当 $K_BV_A+S_AP_A+R-C_AK_A-\Delta C_A>0$ 且 $K_AV_B+S_BP_B+R-C_BK_B-\Delta C_B>0$，即共享收益大于共享成本与风险时，系统的演化稳定策略为（1，1），供应商和客户企业均采取云会计资源共享的策略。

第三，当 $S_AP_A+R-C_AK_A-\Delta C_A<0$、$S_BP_B+R-C_BK_B-\Delta C_B>0$、$K_BV_A+S_AP_A+R-C_AK_A-\Delta C_A<0$ 且 $K_AV_B+S_BP_B+R-C_BK_B-\Delta C_B>0$ 或者 $S_AP_A+R-C_AK_A-\Delta C_A>0$、$S_BP_B+R-C_BK_B-\Delta C_B<0$、$K_BV_A+S_AP_A+R-C_AK_A-\Delta C_A>0$ 且 $K_AV_B+S_BP_B+R-C_BK_B-\Delta C_B<0$ 时，系统的演化稳定策略为（0，1）或者（1，0），即一方参与者共享收益与共享成本的差值（共享效益）明显大于另一方参与者，则另一方参与者会放弃云会计资源共享的策略。但这两种稳定点只能是理论上的稳定，在实践中并没有存在的意义。

第四，存在一种较为特殊的状态，即 $S_AP_A+R-C_AK_A-\Delta C_A<0$，$S_BP_B+R-C_BK_B-\Delta C_B<0$，而 $K_BV_A+S_AP_A+R-C_AK_A-\Delta C_A>0$，$K_AV_B+S_BP_B+R-C_BK_B-\Delta C_B>0$，此时系统存在两个演化稳定策略（0，0）和（1，1），具体情况分析如下。

由表 4-4 的数据可知，（0，0）和（1，1）是动态系统的两个稳定点，分别对应（云会计资源不共享，云会计资源不共享）和（云会计资源共享，云会计资源共享）的博弈策略选择，（0，0）和（1，0）是系统的两个不稳定点，$\left(\frac{\Delta C_A+C_AK_A-R-S_AP_A}{K_BV_A},\ \frac{\Delta C_B+C_BK_B-R-S_BP_B}{K_AV_B}\right)$是系统的鞍点。如图 4-3 所示，系统中的不稳定点(0，1)和(1，0)以及鞍点$\left(\frac{\Delta C_A+C_AK_A-R-S_AP_A}{K_BV_A},\ \frac{\Delta C_B+C_BK_B-R-S_BP_B}{K_AV_B}\right)$分别与动态系统中的稳定点（0，0）和（1，1）组成了区域 $OFHE$ 和区域 $GFHE$。其中，当博弈初始状态处于区域 $OFHE$ 中时，系统将会向点（0，0）收敛，双方最

表 4-4 稳定性分析

均衡点		O (0, 0)	E (0, 1)	F (1, 0)	G (1, 1)
$M_A>0$ 且 $M_B>0$ $N_A>0$ 且 $N_B>0$	行列式符号	+	−	−	+
	迹的符号	+	不确定	不确定	−
	稳定性	不稳定	鞍点	鞍点	ESS_1
$M_A<0$ 且 $M_B>0$ $N_A>0$ 且 $N_B>0$	行列式符号	−	−	+	+
	迹的符号	不确定	不确定	+	−
	稳定性	鞍点	鞍点	不稳定	ESS_2
$M_A<0$ 且 $M_B<0$ $N_A>0$ 且 $N_B>0$	行列式符号	+	+	+	+
	迹的符号	−	+	+	−
	稳定性	ESS_3	不稳定	不稳定	ESS_4
$M_A>0$ 且 $M_B<0$ $N_A>0$ 且 $N_B>0$	行列式符号	−	+	−	+
	迹的符号	不确定	+	不确定	−
	稳定性	鞍点	不稳定	鞍点	ESS_5
$M_A>0$ 且 $M_B<0$ $N_A>0$ 且 $N_B<0$	行列式符号	−	+	+	−
	迹的符号	不确定	+	−	不确定
	稳定性	鞍点	不稳定	ESS_6	鞍点
$M_A<0$ 且 $M_B<0$ $N_A>0$ 且 $N_B<0$	行列式符号	+	+	−	−
	迹的符号	−	+	不确定	不确定
	稳定性	ESS_7	不稳定	鞍点	鞍点
$M_A<0$ 且 $M_B<0$ $N_A<0$ 且 $N_B<0$	行列式符号	+	−	−	+
	迹的符号	−	不确定	不确定	+
	稳定性	ESS_8	鞍点	鞍点	不稳定
$M_A<0$ 且 $M_B<0$ $N_A<0$ 且 $N_B>0$	行列式符号	+	−	+	−
	迹的符号	−	不确定	+	不确定
	稳定性	ESS_9	鞍点	不稳定	鞍点
$M_A<0$ 且 $M_B>0$ $N_A<0$ 且 $N_B>0$	行列式符号	−	+	+	−
	迹的符号	不确定	−	+	不确定
	稳定性	鞍点	ESS_{10}	不稳定	鞍点

终均选择“云会计资源不共享”的策略；而当博弈初始状态处于区域 *GFHE* 时，系统将向点（1，1）收敛，双方最终选择“云会计资源共享”的策略。由此可见，博弈双方最终选择何种策略与其博弈初始状态有密切关系。另外，两个区域的面积大小也影响着博弈的最终结果，区域 *OFHE* 的面积越大，双方最终采取

(0, 0) 策略的概率就越大；同样地，区域 *GFHE* 的面积越大，双方最终采取 (1, 1) 策略的概率就越大。

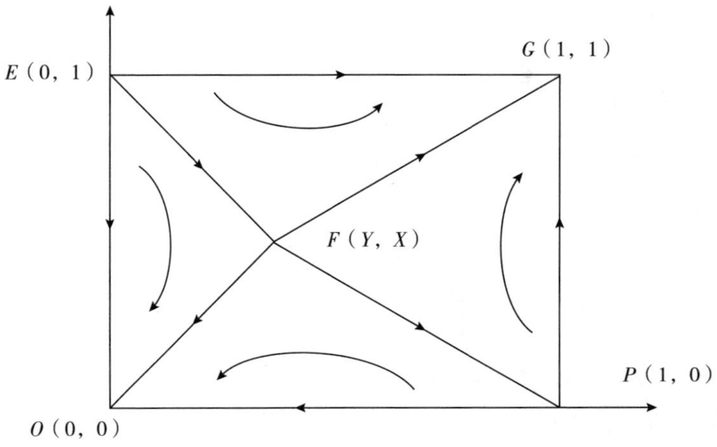

图 4-3 演化相位图

4.1.5 演化因素分析

由上文分析可知，演化最终结果与区域 *OFHE* 和区域 *GFHE* 的面积相关，区域 *OFHE* 的面积越大，博弈双方均选择云会计资源不共享的概率就越大；反之，区域 *GFHE* 的面积越大，博弈双方选择云会计资源共享的概率就越大。其中，区域 *OFHE* 的面积可表示为：

$$S=\frac{1}{2}\left(\frac{\Delta C_A+C_AK_A-R-S_AP_A}{K_BV_A}+\frac{\Delta C_B+C_BK_B-R-S_BP_B}{K_AV_B}\right)$$

4.1.5.1 平台激励 *R* 对演化过程的影响

区域 *OFHE* 的面积 S 对平台激励 R 进行求导，可得：$\frac{\partial S}{\partial R}=-\frac{1}{2}\left(\frac{1}{K_BV_A}+\frac{1}{K_AV_B}\right)<0$。由此导数函数式可知，区域 *OFHE* 的面积 S 是平台激励 R 的单调递减函数，即随着平台激励 R 的增大，区域 *OFHE* 的面积 S 相应减小。也就是说，当平台对供应商与客户企业加入平台进行资源共享的激励 R 变大时，区域 *OFHE* 的面积减小，而区域 *GFHE* 的面积反向增大，博弈双方选择共享云会计资源的概率便相应增大，那么系统向点(1, 1)演化的可能性也相应增大。因此，在推动供应商和客户企业进行云会计资源共享的过程中，适当地提高平台激励金额，可以有效地

提高供应商和客户企业的上云积极性，从而促使二者最终向（云会计资源共享，云会计资源共享）状态演进。

4.1.5.2　直接收益 KV 对演化过程的影响

区域 $OFHE$ 的面积 S 对直接收益 KV 进行求导，可得：$\frac{\partial S}{\partial KV}=-\frac{1}{2}\left(\frac{\Delta C_A+C_AK_A-R-S_AP_A}{(K_BV_A)^2}+\frac{\Delta C_B+C_BK_B-R-S_BP_B}{(K_AV_B)^2}\right)$。在此导数函数式中，$\frac{1}{(KV)^2}>0$；而对于 $\Delta C+CK-R-SP$，间接收益仅为收益的一小部分，平台激励 R 数值较小，故 $\Delta C+CK-R-SP>0$，则$\frac{\partial S}{\partial KV}<0$。因此，区域 $OFHE$ 的面积 S 是直接收益 KV 的单调递减函数，随着直接收益 KV 的增大，区域 $OFHE$ 的面积 S 相应减小，而区域 $GFHE$ 的面积反向增大，最终使得博弈双方向（云会计资源共享，云会计资源共享）的稳定状态演化。也就是说，直接收益的增大可以直接推动资源供应商和客户企业云会计资源共享。同时，直接收益又与资源共享量 K 和资源转化能力 V 直接相关，企业加入云平台进行云会计资源共享后，其所能获得或者共享的资源量都会大幅度增加，这不仅会促进企业直接收益的提升，还会间接促进企业间共享资源量的增多，如此便在企业与云平台中形成了一个良性循环，也从侧面印证了企业进行云会计资源共享的必然趋势；在企业共享与获得资源量增加的情况下，企业为提高整合资源效率，将逐步提升其资源转化能力，这反过来又将提升企业的直接收益。

4.1.5.3　共享成本 CK 和单独获取云会计资源成本 ΔC 对演化过程的影响

区域 $OFHE$ 的面积 S 对共享成本 CK 和单独获取云会计资源成本 ΔC 进行求导，可得：$\frac{\partial S}{\partial(CK+\Delta C)}=\frac{1}{2}\left(\frac{1}{K_BV_A}+\frac{1}{K_AV_B}\right)>0$，则区域 $OFHE$ 的面积 S 是成本 $CK+\Delta C$ 的单调递增函数，随着成本 $CK+\Delta C$ 的增加，区域 $OFHE$ 的面积 S 也会相应增大，此时博弈双方最终向（云会计资源不共享，云会计资源不共享）的稳定状态演化。因此，通过技术改进等手段降低共享成本也是吸引企业加入云平台进行云会计资源共享的一个有效方式。

4.1.5.4　间接收益 SP 对演化过程的影响

区域 $OFHE$ 的面积 S 对间接收益 SP 进行求导，可得：$\frac{\partial S}{\partial SP}=$

$-\frac{1}{2}\left(\frac{1}{K_B V_A}+\frac{1}{K_A V_B}\right)<0$，则区域 $OFHE$ 面积 S 是间接收益 SP 的单调递减函数，间接收益 SP 的增加会导致区域 $OFHE$ 的面积减小同时区域 $GFHE$ 的面积增大，系统最终向（云会计资源共享，云会计资源共享）的稳定状态演化。同时，间接收益与平台服务 S 以及企业内部人员的综合素质 P 直接相关。提高平台的服务能力可以给资源供应商和客户企业带来更好的用户体验，而企业内部人员综合素质的提高则可以提高资源处理效率并且减少不必要的资源浪费，因此，提高平台的服务能力以及企业内部人员的综合素质可以在一定程度上推动资源供应商和客户企业进行云会计资源共享。

4.1.6 结论与建议

本部分从演化博弈的角度分析了处于加入云平台观望期的供应商和客户企业的云会计资源共享行为，建立了云平台下企业云会计资源共享行为的博弈模型，探究了云会计资源共享行为的演化进程和相关影响因素，结果显示，企业策略选择主要受收益矩阵中共享收益与共享成本及风险的影响。为了促进云平台的建设，结合上述影响因素，从政府、云平台、供应商、客户企业四个共享主体角度考虑，提出以下的建议：

第一，政府加强对云平台的监管。从演化博弈稳定性分析可以看出，云平台的服务对于企业云会计资源共享的策略选择有明显的影响，而政府的监管有利于云平台规范其服务。目前，虚拟的网络交易环境以及在线资源共享体系还相对薄弱，容易导致云会计资源共享安全问题的发生，在此情况下强化政府监管机制是规避云会计资源共享风险较为有效的措施。云平台的建立以及交易必须接受政府相关监管部门等法律主体的监管，政府主要监管平台的职责履行情况、交易合法性等。云会计资源共享公开披露的信息必须是合作企业同意公开的部分。同时，政府相关部门需要完善云会计资源共享法律法规。云会计资源共享相关的法律法规和制度是规避其风险的基础，最终目的是维护良好的共享环境，同时维护每个企业主体的利益，促进云会计资源共享，提高社会资源利用率。

第二，云平台提高服务质量。演化博弈结果表明，云平台服务与企业云会计资源共享策略正向相关。因此，提高云平台的服务质量可以促进云会计资源共享。云平台可从以下几个方面提高服务质量：一是规范交易流程。规范云平台交易流程，包括客户企业采购流程、支付流程以及供应商的收款流程、审批流程等，建立一套对应准则以维护客户企业、云会计服务供应商的权益，营造规范、公平、良好的交易环境，保障交易安全、有序和有效。二是建立和完善各项规章制度。比如隐私权与商业秘密保护制度、广告发布审核制度、共享信息审核制度、交易安全保障制度、争议解决制度等。云平台制定管理制度后，还应定期检查制度的落地情况。三是严格审核供应商信息，提高准入标准。为了切实保障客户企业的利益，维护客户企业的信息安全，降低共享风险，云平台应严格审核入驻供应商，以防止其质量良莠不齐给企业带来利益损害。

第三，资源供应商应保证产品和服务质量。入驻平台的资源供应商，虽然已经通过云平台的初始审核，但能否保证在以后的交易中保持并持续提升产品和服务质量是一个值得商榷的问题。为了促进云会计资源共享体系的发展，云会计资源供应商需要长期保证自身产品和服务质量。从产品来看，资源供应商可以增加云会计产品的功能供应商，但是需要注意功能实现的时间性、技术性。从服务来看，资源供应商要保证有一个良好的服务质量，如按约定提供云会计服务、提供事前事后的咨询服务等。此外，资源供应商应尽量提高云会计服务的性价比，因为客户企业会根据性价比的高低选择供应商。

第四，提高员工综合素质。新一代信息技术的出现对会计人员的专业素质提出了挑战。如若企业选择云会计资源共享，则需要企业员工足够了解云平台。博弈结果显示，人员的综合素质也与企业决策成正相关。对于企业来说，可以从三个方面提高人员的综合素质。首先，招聘会计人员时，除了考察会计人员的财务知识，还要考察其信息化相关知识。其次，企业要多培训财务人员的信息技术能力，以适应发展的需求。最后，企业的管理者应该具有大局意识和创新意识，加强对云会计和财务共享的认识，促使传统会计工作向云会计及共享财务发展。

4.2 基于供应商视角的主体行为博弈

4.2.1 引言

中研产业研究院发布的《2020—2025 年中国云计算行业全景调研与发展战略研究咨询报告》显示，预计到 2025 年，企业上云率达到 100%，平台市场发展前景乐观。2018 年，阿里云开发并支持的 supET“1+N”工业互联网平台体系在浙江省建成，同年有 200 多家制造企业相继入驻。根据 IDC，华为云营收增长超过 300%，华为云 PaaS 市场份额增速接近 700%。云平台的发展促进行业进步和经济发展，企业越来越重视上云技术的运用，通过云平台将数据流转变为价值流。在新形势下，如何提高云平台发展的质量，保证供需企业的利益，成为云平台产业发展的焦点问题。

云平台的参与方主要有供应商、云平台和客户企业（见图 4-4）。从客户企业的角度分析，客户企业通过云平台购买服务，登录平台即可操作，该平台不仅在功能上覆盖了传统的会计信息系统，而且具备可延展的功能属性。采用云平台可以提高企业各部门内外的协同能力，打破财务信息的孤岛效应，其他部门也能够打破专业局限性的壁垒，从而促进部门之间的合作，有利于整体绩效的提升。从供应商的角度分析，供应商借助云平台出售软件产品、提供服务并实现收益。供应商按需提供资源和服务，进行专业化的定制，通过对数据进行高效的处理和加工，满足客户企业的要求。从云平台的角度分析，云平台以互联网及信息技术为商业模式的基础，在三方关系中，云平台是承担供需匹配任务的媒介，根据供需企业的数量和规模弹性扩展进行动态伸缩，以满足不同行业企业和入驻企业的不同业务需求。云平台保证云数据在多个节点执行的过程中状态稳定，服务器满足不同的应用环境，可支持接入大量企业信息而不会产生冗余，及时满足平台上客户企业的功能需求。云平台不仅可以使供应商充分了解客户企业需求、取得收益的工具，还有利于供应商自主性的提升。

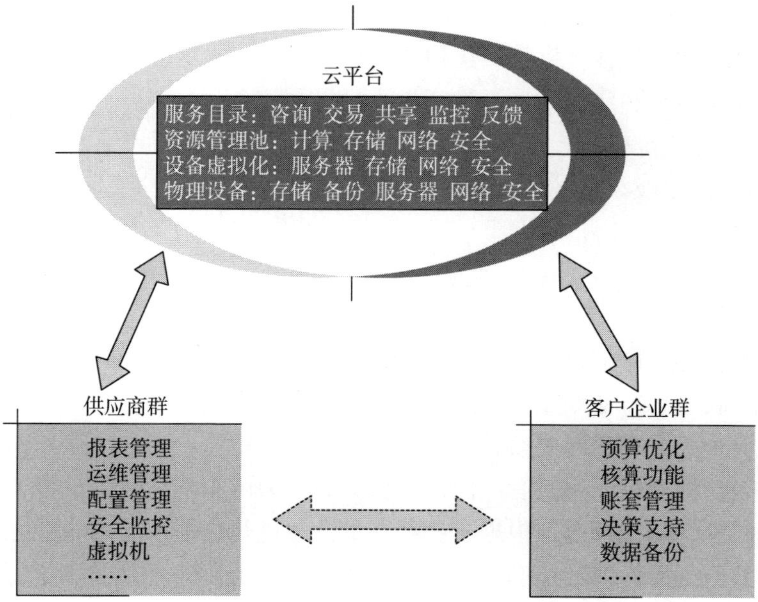

图 4-4 云平台各参与方示意图

学者针对云平台资源共享进行了相关研究。Ranjbari 和 Morales - Alonso（2018）认为，平台为共享注入了互联网技术基因。从云的 AIS 的固有属性出发，

Asatiani 等（2019）给出了基于 Delphi 的主要会计流程评估。乔鹏程（2019）应用 Citespace 知识图谱工具研究发现，区块链与云会计的理念融合有助于提升云会计的数据功能、信息经济职能等。Gomaa 等（2019）提出，为了保证财务报告信息的公允性，保证财务共享过程中的多方安全，使用公钥加密和网络分析技术将客户身份建模，设计会计信息的存储技术，用来平衡公共访问和隐私使用区块链。随着新的信息技术的发展，区块链技术将给云会计提供更高的安全保证。Weigand 等（2020）以 COFRIS 会计本体论和由 Kruijff 和 Weigand 开发的区块链本体论为基础，区分了数据层、信息层和本质层（概念层），针对如何表示协商一致和企业特定业务部分提出解决方案，使共享会计账本在符合财务报告标准的基础上通过智能合同得以实现。肖红军和阳镇（2020）将平台企业归结为嵌入式、嫁接式、撬动式和新创式四种类型，为更好地理解平台企业提供了新的思路，也为平台企业的行动提供了新的范式指导。

云平台资源共享发展的前提，是供应商在资源共享过程中能否形成一个好的生态环境。因此，研究供应商在云平台上的行为方式很重要。在此，假设云平台处于政府部门的有效监管之下，不考虑平台和供应商之间存在的竞争关系，分析供应商商业模式的实现路径，基于演化博弈理论，构建供应商之间的动态演化模型，利用复制动态方程分析其演化趋势和稳定状态，为供应商在云平台上更好地发展提出具体措施和建议。

4.2.2 基本假设、模型构建与分析

4.2.2.1 基本假设

演化博弈论是博弈理论和动态演化分析的结合，博弈的基本概念包括参与人、策略、收益、行动顺序、信息和均衡六个要素，其中参与人、策略和收益是演化博弈分析必不可少的要素，据此提出以下假设：

参与人：博弈中的决策者。假设将供应商分为两个群体，企业群 P 和 Q。双方都是有限理性的决策人，根据自身利益最大化进行决策，参与企业在选择策略时，根据其所处的内外环境的变化，不断对高收益企业进行模仿和学习，在时间 T 做出的行动策略，在时间 $T+1$ 可能会调整或改变。从两个企业群中分别挑选企业 P 和 Q 进行演化博弈分析，演化博弈不考虑参与方的行动顺序，博弈的核心不仅关注参与方的最优策略选择，更关注企业群之间策略选择的趋势、调整过程和稳定性分析。

策略：参与企业可以选择的策略范围。企业 P 和 Q 可以选择的策略集合为

{云会计资源共享，云会计资源不共享}，其中“云会计资源共享”的供应商是指通过云平台向需求方提供个性化云会计服务，根据客户的反馈不断优化自身服务；与云平台和其他入驻的供应商共享信息，通过合作实现技术互补和相互支援。“云会计资源不共享”的企业是指不参与云平台的供应商为客户企业提供单独的定制上云服务。企业 P 和 Q 选择“云会计资源共享”的概率分别为 X 和 Y（$0 \leqslant X \leqslant 1$，$0 \leqslant Y \leqslant 1$），选择“云会计资源不共享”的概率为 $1-X$ 和 $1-Y$。随着时间 T 的变化，X 和 Y 的值也会不断变化。

收益：参与企业从博弈中获得的效用程度决定收益的大小。收益是各参与方关注的核心内容，是决定策略选择的函数。不同策略下收益由直接得益、协同得益、共享程度、运营资源和成本系数等变量共同决定。

4.2.2.2 博弈收益矩阵

根据以上假设，对演化博弈的参数进行设置，并计算各博弈方的收益情况。企业 P 和 Q 所拥有的运营资源分别为 C_1 和 C_2，当企业选择云会计资源不共享时，单独运营取得的直接收入分别为 I_1 和 I_2，企业 P 和 Q 的运营成本系数均为 f（$0 \leqslant f \leqslant 1$），$P$ 和 Q 的成本分别为 fC_1 和 fC_2，则企业 P 和 Q 同时选择“云会计资源不共享”策略时，企业 P 和 Q 的收益分别为 I_1-fC_1 和 I_2-fC_2。

企业选择入驻云平台进行运营时，企业 P 和 Q 所拥有的运营资源不变，分别为 C_1 和 C_2，经营过程中企业的成本系数与共享程度 m 有关（$0 \leqslant m \leqslant 1$），共享程度越高，则成本系数越小，因此，参与云平台的企业成本系数 $F=f-m$。与此同时，企业会面临共享风险 S，共享风险包括云平台环境质量风险和数据安全风险等，风险大小取决于云平台的管理模式，云平台管理越严格，入驻的供应商所面临的共享风险较低，即 S 越小，反之则共享风险越高，S 越大。所以，企业 P 和 Q 选择“云会计资源共享”策略时，P 和 Q 的总成本分别为 FC_1+S 和 FC_2+S。当供应商同时选择“云会计资源共享”策略时，通过云平台资源互补、信息共享产生的共享效率为 V，协同收入为 $(C_1+C_2)V$，需要对协同收入进行分配。在云平台正常运行的前提下，利益的分配遵循公平原则，分配比率得到参与各方的认可，假设企业 P 的分配比率为 n（$0 \leqslant n \leqslant 1$），企业 Q 的分配比率为 $1-n$。企业 P 和 Q 同时选择“云会计资源共享”策略时，企业的收入分别为 $n(C_1+C_2)V$ 和 $(1-n)(C_1+C_2)V$，则收益分别为 $n(C_1+C_2)V-FC_1-S$ 和 $(1-n)(C_1+C_2)V-FC_2-S$。

若企业 P 和 Q 没有同时选择“云会计资源共享”策略，则无法产生协同收入。当 P 选择“云会计资源共享”、Q 选择“云会计资源不共享”策略时，企业 P 和 Q 的收益分别为 I_1-FC_1-S 和 I_2-fC_2；当 P 选择“云会计资源不共享”、Q 选择“云会计资源共享”策略时，企业 P 和 Q 的收益分别为 I_1-fC_1 和 I_2-FC_2-S。

具体收益矩阵如表 4-5 所示。

表 4-5　供应商策略选择的收益矩阵

策略选择		企业 Q 云会计资源共享 Y	企业 Q 云会计资源不共享 $(1-Y)$
企业 P	云会计资源共享 X	$n(C_1+C_2)V-FC_1-S$	I_1-FC_1-S
		$(1-n)(C_1+C_2)V-FC_2-S$	I_2-fC_2
	云会计资源不共享 $(1-X)$	I_1-fC_1	I_1-fC_1
		I_2-FC_2-S	I_2-fC_2

4.2.2.3　复制动态方程

根据收益矩阵，企业 P 选择“云会计资源共享”策略时的收益为：

$$E_{P_1}=Y[n(C_1+C_2)V-FC_1-S]+(1-Y)(I_1-FC_1-S)$$
$$=Y[n(C_1+C_2)V-I_1]+(I_1-FC_1-S)$$

企业 P 选择“云会计资源不共享”策略时的收益为：

$$E_{P_2}=Y(I_1-fC_1)+(1-Y)(I_1-fC_1)$$

企业 P 选择“云会计资源共享”和“云会计资源不共享”策略时的平均收益为：

$$\overline{E_P}=XE_{P_1}+(1-X)E_{P_2}$$

因此，企业 P 选择“云会计资源共享”策略时的复制动态方程为：

$$f(X)=\frac{dX}{dT}=X(E_{P_1}-\overline{E_P})$$
$$=X(1-X)\{Y[n(C_1+C_2)V-I_1]+fC_1-FC_1-S\} \tag{4-7}$$

同理，根据收益矩阵企业 Q 选择“云会计资源共享”策略时的收益为：

$$E_{Q_1}=X[(1-n)(C_1+C_2)V-FC_2-S]+(1-X)(I_2-FC_2-S)$$
$$=X[(1-n)(C_1+C_2)V-I_2]+(I_2-FC_2-S)$$

企业 Q 选择“云会计资源不共享”策略时的收益为：

$$E_{Q_2}=X(I_2-fC_2)+(1-X)(I_2-fC_2)$$

企业 Q 选择“云会计资源共享”和“云会计资源不共享”策略时的平均收益为：$\overline{E_Q}=YE_{Q_1}+(1-Y)E_{Q_2}$

企业 Q 选择“云会计资源共享”策略时的复制动态方程为：

$$f(Y)=\frac{dQ}{dT}=Y(E_{Q_1}-\overline{E_Q})$$
$$=Y(1-Y)\{X[(1-n)(C_1+C_2)V-I_2]+fC_2-FC_2-S\} \tag{4-8}$$

因此，供应商 P 和 Q 在博弈过程中行为的演化可以通过两个微分方程组成一个系统来描述。式（4-7）表明，当 $X=1$、$X=0$ 或 $Y^*=\dfrac{FC_1+S-fC_1}{n(C_1+C_2)V-I_1}$ 时，企业群 P 选择“云会计资源共享”策略的企业比例趋于稳定状态。同理，式（4-8）表明，当 $Y=1$、$Y=0$ 或 $X^*=\dfrac{FC_2+S-fC_2}{(1-n)(C_1+C_2)V-I_2}$ 时，企业群 Q 选择“云会计资源共享”策略的企业比例趋于稳定状态。

4.2.2.4　供应商的策略选择稳定性分析

当 $E_{P_1}>\overline{E_P}$ 时，供应商 P 选择“云会计资源共享”策略可以取得的期望收益大于混合策略的平均收益，该策略将会吸引更多的企业加入，企业群选择“云会计资源共享”策略的概率 X 会随着时间 T 的推移不断增加。相反，当 $E_{P_1}\leqslant\overline{E_P}$ 时，企业群的内部成员会选择“云会计资源不共享”策略，随着时间 T 的推进，选择“云会计资源共享”策略的企业数量逐渐减少，而选择“云会计资源不共享”策略的企业不断增加，从而产生不利于云平台发展的消极影响。

下面以企业 P 为例分析博弈双方的演化稳定策略：

由式（4-7）可知，当 $Y=Y^*$ 时，无论 X 取值多少，$f(X)=0$，因此，这种情况下对应的所有状态都是均衡稳定的。当 $Y\neq Y^*$ 时，由 $f(X)=0$ 可得，$X=1$ 和 $X=0$ 是 X 的两个稳定点。

根据微分方程稳定性定理可得，满足任意一个 X 有 $f'(X)<0$，此时 X 是演化博弈的稳定状态。对 $f(X)$ 求导得：$f'(X)=(1-2X)\{Y[n(C_1+C_2)V-I_1]+fC_1-FC_1-S\}$。

根据博弈模型分析可知，企业 P 和 Q 选择“云会计资源共享”策略，通过云平台将取得协同收益，取得的总收益大于单独运营的收入，即满足 $n(C_1+C_2)V-I_1>0$。

当 $S+FC_1<fC_1$，则 $Y^*<0$，$X>Y^*$ 恒成立，对于 $f'(X)$，当 $X=1$ 或 $X=0$ 时，有 $f'(0)>0$、$f'(1)<0$，此时，只有 $X=1$ 为演化稳定均衡点。当企业 P 选择“云会计资源不共享”策略时的运营成本大于选择“云会计资源共享”策略时发生的成本，企业倾向于选择“云会计资源共享”策略，复制动态稳定性分析如图 4-5 所示。

当 $S+FC_1>fC_1$ 时，根据模型因素设定可得 $Y^*<1$，此时应该考虑 Y 与 Y^* 的大小关系。当 $Y^*<Y$ 时，$f(X)>0$，$f'(0)>0$ 且 $f'(1)<0$，可得 $X=1$ 是演化稳定均衡点，即企业 P 将选择“云会计资源共享”策略。当 $Y^*>Y$ 时，$f(X)<0$，$f'(0)<0$ 且 $f'(1)>0$，可得 $X=0$ 是演化稳定均衡点，即此时企业 P 将选择“云会计资源不共

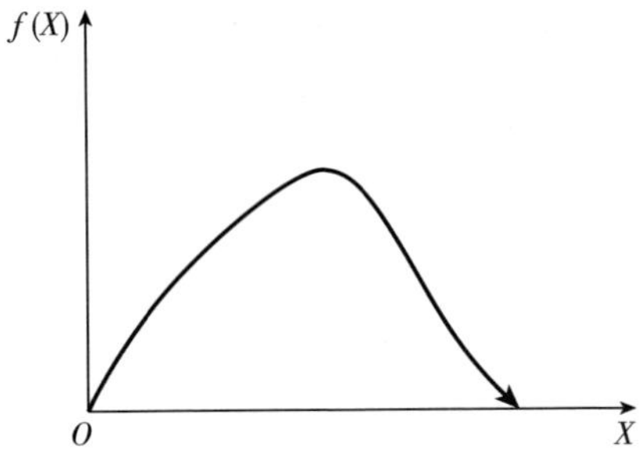

图 4-5　复制动态稳定性分析

享”策略。复制动态系统如图 4-6 所示，当企业 P 选择“云会计资源共享”策略的成本大于选择“云会计资源不共享”策略的成本时，其行动策略依赖企业 Q 的选择：当企业 Q 选择“云会计资源共享”策略的概率增大时，企业 P 也随之选择“云会计资源共享”；反之，当企业 Q 选择“云会计资源不共享”策略的概率增大时，企业 P 也倾向于选择“云会计资源不共享”策略。

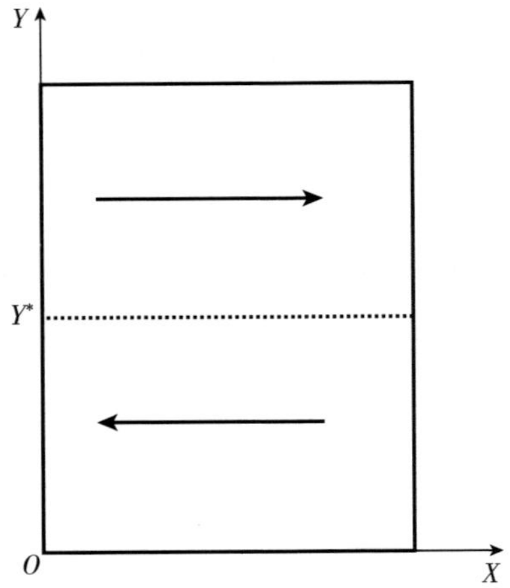

图 4-6　复制动态系统

同理可得，对于企业 Q 而言，演化博弈的过程与企业 P 类似，在 $X=X^*$、$X>X^*$、$X<X^*$ 的情况下，其对应的演化博弈稳定点分别为任意 Y、1 和 0。复制动态的稳定性分析如图 4-7 和图 4-8 所示。

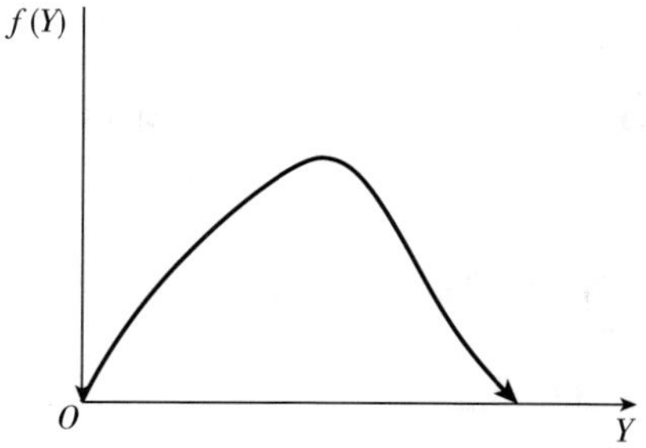

图 4-7 $S+FC_2<fC_2$ 复制动态稳定性分析

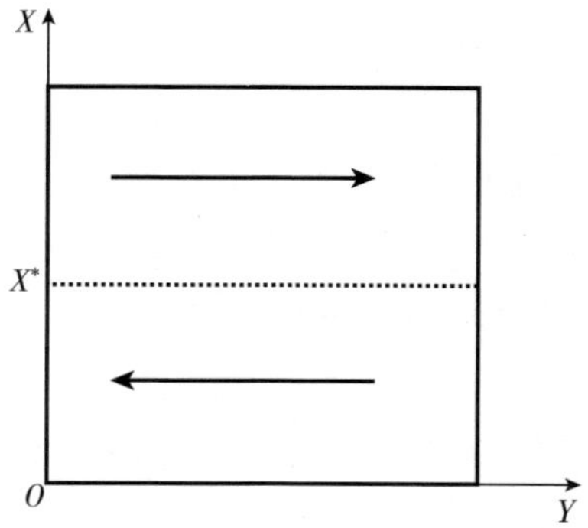

图 4-8 $S+FC_2>fC_2$ 复制动态稳定性分析

4.2.2.5 系统演化路径分析

根据 Friedman 提出的方法，得出由式（4-7）和式（4-8）组成的微分方程系统的雅可比矩阵为：

$$\begin{pmatrix} (1-2X)\{Y[n(C_1+C_2)V-I_1]+fC_1-FC_1-S\} & X(1-X)[n(C_1+C_2)V-I_1] \\ Y(1-Y)[(1-n)(C_1+C_2)V-I_2] & (1-2Y)\{X[(1-n)(C_1+C_2)V-I_2]+fC_2-FC_2-S\} \end{pmatrix}$$

根据雅可比矩阵可得：

$$\det\boldsymbol{J}=(1-2X)(1-2Y)\{Y[n(C_1+C_2)V-I_1]+fC_1-FC_1-S\}\{X[(1-n)(C_1+C_2)V-I_2]+fC_2-FC_2-S\}-X(1-X)Y(1-Y)[n(C_1+C_2)V-I_1][(1-n)(C_1+C_2)V-I_2]$$

$$\mathrm{tr}\boldsymbol{J}=(1-2X)\{Y[n(C_1+C_2)V-I_1]+fC_1-FC_1-S\}+$$

$(1-2Y)\{X[(1-n)(C_1+C_2)V-I_2]+fC_2-FC_2-S\}$

根据雅可比矩阵局部稳定性对系统内的5个平衡点进行分析，结果如表4-6所示。

表 4-6 均衡点的雅可比矩阵行列式值和迹的数值讨论

均衡点	det*J*	tr*J*
$O(0, 0)$	$(FC_1+S-fC_1)(FC_2+S-fC_2)$	$(C_1+C_2)(f-F)-2S$
$A(0, 1)$	$\{[n(C_1+C_2)V-I_1]+fC_1-FC_1-S\}$ $[(FC_2+S)-fC_2]$	$n(C_1+C_2)V-I_1+(f-F)(C_1-C_2)$
$B(1, 0)$	$[(1-n)(C_1+C_2)V-I_2+fC_2-FC_2-S]$ $[(FC_1+S)-fC_1]$	$(1-n)(C_1+C_2)V-I_2-(f-F)(C_1-C_2)$
$C(1, 1)$	$\{Y[n(C_1+C_2)V-I_1]+fC_1-FC_1-S\}$ $\{X[(1-n)(C_1+C_2)V-I_2]+fC_2-FC_2-S\}$	$2S+I_1+I_2-(C_1+C_2)(V+f-F)$
$D(X^*, Y^*)$	$[(f-F)C_2-S][S-(f-F)C_1]$	0

结合雅可比矩阵的局部稳定性，判定该系统的演化稳定策略，雅可比矩阵的局部稳定情况如表4-7所示。

从表4-7可以看出，$O(0, 0)$、$C(1, 1)$是系统的演化稳定点，即(云会计资源不共享，云会计资源不共享)和(云会计资源共享，云会计资源共享)是演化稳定策略。$A(0, 1)$、$B(1, 0)$为不稳定平衡点，$D(X^*, Y^*)$是鞍点。图4-9描绘了双方演化博弈的动态过程，*ABCD*部分收敛于*C*点，双方都选择"云会计资源共享"策略；*AOBD*部分收敛于*O*点，双方都选择"云会计资源不共享"策略。系统的演化是一个漫长的博弈过程，在较长的时间内，系统将保持在（云会计资源不共享，云会计资源不共享）和（云会计资源共享，云会计资源共享）共存的局面。

表 4-7 系统的稳定结果成立条件和状态分析

均衡点	det*J*	tr*J*	条件	稳定状态
$O(0, 0)$	+	−	$FC_1+S-fC_1>0$；$FC_2+S-fC_2>0$	ESS
$A(0, 1)$	+	+	$n(C_1+C_2)V-I_1-(FC_1+S-fC_1)>0$	不稳定
$B(1, 0)$	+	+	$(1-n)(C_1+C_2)V-I_2-(FC_2+S-fC_2)>0$	不稳定
$C(1, 1)$	+	−		ESS
$D(X^*, Y^*)$	−	0		鞍点

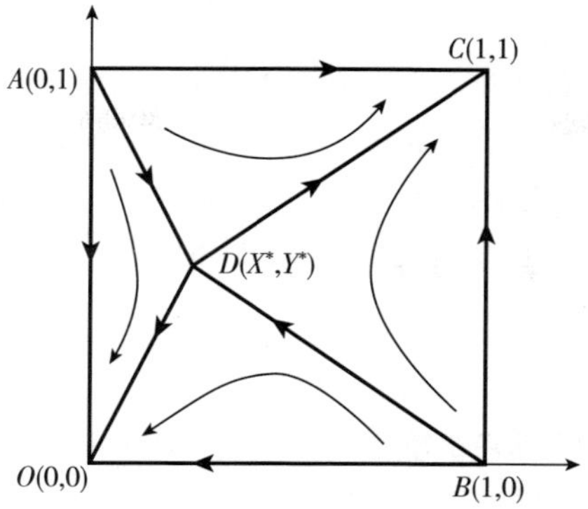

图 4-9 双方演化博弈的动态过程

O 点时，$X=0$ 和 $Y=0$，即（云会计资源不共享，云会计资源不共享）是一个 ESS 组合，供应商 P 和 Q 均会选择独自运营，不参与云平台。此时，满足条件 $FC_1+S-fC_1>0$、$FC_2+S-fC_2>0$，表示选择“云会计资源共享”策略的企业发生的总成本大于选择“云会计资源不共享”策略的企业，考虑成本效益原则，对于两个企业群来说，“云会计资源不共享”是企业的占优策略。其中，S 为云平台上企业面临的共享风险，共享风险越大，意味着企业数据安全的风险越大、运行维护的成本越高，博弈方企业更倾向做出“云会计资源不共享”的决策。云平台的共享程度 $m=f-F$，可知平台企业成本越高，意味着共享程度越小，企业越不倾向于选择“云会计资源共享”。

C 点时，$X=1$ 和 $Y=1$，即（云会计资源共享，云会计资源共享）是一个 ESS 组合，客户企业 P 和 Q 均会选择“云会计资源共享”策略。此时，需满足条件 $n(C_1+C_2)V-I_1-(FC_1+S-fC_1)>0$ 和 $(1-n)(C_1+C_2)V-I_2-(FC_2+S-fC_2)>0$。考虑两个策略选择的净收益，客户企业 P 选择“云会计资源共享”策略与选择“云会计资源不共享”策略相比，产生的净收入大于净成本，因此选择“云会计资源共享”策略的概率会逐渐变大，同理，满足条件的客户企业 Q 也会做出同样的选择，系统将最终演进为双方均选择“云会计资源共享”策略的稳定状态。

A 点($X=0$，$Y=1$)和 B 点($X=1$，$Y=0$)均为不稳定的组合，若客户企业 P 选择“云会计资源共享”可获得合理的净收益，则客户企业 P 选择“云会计资源共享”策略的概率 X 变大，但客户企业 Q 选择“云会计资源共享”的净成本大于净收入，其选择“云会计资源共享”策略的概率 Y 会变小，同时不论客户企业 Q 最初选择“云会计资源共享”策略的概率多大，最终都会放弃这一策略。客户企业 Q 的概率变化也将影响客户企业 P 的演进，整个系统无法达到均衡状态。另一种情况刚好相反，客户企业 Q 选择“云会计资源共享”可获得较高的净收益，随之客户企业 Q 选择“云会计资源共享”策略的概率 Y 逐渐增加，但客户企业 P 选择“云会计资源共享”得到的净成本大于净收入，净收益为负，因此其选择“云会计资源共享”策略的概率 X 会变小，意味着不论客户企业 P 最初选择“云会计资源共享”策略的概率多大，最终也都会放弃这一策略。同样地，客户企业 P 的概率变化也将影响客户企业 Q 的演进，系统无法达成稳定。

4.2.2.6　演化博弈结论

根据以上分析，演化博弈系统收敛于 $O(0,\ 0)$ 和 $C(1,\ 1)$，收敛的结果受鞍点 $D(X^*,\ Y^*)$ 位置偏向的影响。当 D 点更接近于 O 点时，$AOBD$ 的面积逐渐变小且 $ACBD$ 的面积逐渐变大，会有更多的行动策略组合点朝着 C 点 $(1,\ 1)$ 方向移动，导致博弈双方企业群均会选择“云会计资源共享”策略；与之相反，当 D 点更接近于 C 点时，$ABCD$ 的面积逐渐变小且 $AOBD$ 的面积逐渐变大，会有更多的行动策略组合点朝着 O 点 $(0,\ 0)$ 方向移动，导致博弈双方企业群均倾向于选择“云会计资源不共享”策略。

当博弈双方的初始行动策略组合在 $ABCD$ 区域内时，即 $D\left(\dfrac{FC_2+S-fC_2}{(1-n)(C_1+C_2)V-I_2},\ \dfrac{FC_1+S-fC_1}{n(C_1+C_2)V-I_1}\right)$ 更接近于 $O(0,\ 0)$ 时，在系统的演进中，不管企业群成员选择如何行动，博弈参与方将发现选择“云会计资源共享”得到的净成本小于净收入，即有利可图。具体来说，客户企业通过云会计共享资源平台提供服务，随着共享程度 m 的增强，客户企业的成本系数 F 降低，运营成本降低。随着共享效率 V 的提高，客户企业的收入增加，并根据自身在平台的付出程度和地位获得相应的协同利益分配。在云平台的合理维护管理环境下，供应商面临的共享风险 S 逐渐减小，即 X^*，Y^* 对应分式的分母逐渐增大、分子逐渐变小。因此，博弈方会逐渐倾向选择“云会计资源共享”策略，最终的策略组合为（云会计资源共享，云会计资源共享）。

若博弈双方的初始行动策略组合在 $AOBD$ 区域内时，即 $D\left(\dfrac{FC_2+S-fC_2}{(1-n)(C_1+C_2)V-I_2},\ \dfrac{FC_1+S-fC_1}{n(C_1+C_2)V-I_1}\right)$ 更接近于 $C(1,\ 1)$ 时，在系统的演进中，不管企业群成员最初选择如何行动，博弈参与方将发现选择“云会计资源共享”得到的净收入小于净成本，即无利可图。因此，博弈方选择“云会计资源不共享”策略，最终的策略组合为（云会计资源不共享，云会计资源不共享）。

演化博弈打破了博弈论完全理性参与人的假设，使得其博弈分析更具优势。博弈双方在过程中不断学习和复制对方的策略，直到整个博弈系统达到稳定状态。上述的分析表明，供应商群的策略选择主要取决于独立运营的成本系数 f、参与云平台企业的成本系数 F、云平台共享程度 m、共享风险 S 以及共享协同效率 V 的影响，其中，企业群选择“云会计资源共享”策略与供应商独立运营的成本系数 f、云平台共享程度 m 以及共享协同效率 V 成正比，与客户企业的成本系数 F、共享风险 S 成反比。因此，在云平台发展过程中应该不断降低共享风险和供应商的成本，提高共享程度和共享效率，最大限度利用云会计资源共享带来的创新性，保证企业和云平台稳健运行。

4.2.3 结论与建议

在云平台发展创新的视角之下，选择供应商群为研究对象，在博弈方有限理性的前提假设下，利用演化博弈的理论，构建了供应商云会计资源共享策略选择的博弈模型，探讨了影响供应商行为策略的因素，分析博弈系统的稳定演化过程。研究结果表明，供应商的策略选择主要受运营成本、云平台共享程度、共享风险和协同效率等因素的影响。针对影响供应商群策略选择的演化参数可得：V、f、m 越大，F、S 越小，客户企业越倾向于选择“云会计资源共享”策略，演化系统也更容易维持稳定状态。据此，从以下三个方面为云平台和供应商提出建议。

4.2.3.1 增强共享程度，提高企业间协同效率

建立完善的云会计资源共享机制，提高企业资源的协同利用率。参与云平台的企业拥有的资源、擅长的领域各有不同，因此，在有效共享的基础上，提高共享程度，加强资源的整合和利用，进一步增加协同效率。对于云平台来说，要保证共享机制的有效运行，处理好平台与供应商合作和竞争的关系，协调好各供应商之间的协同利益分配问题。高效监管，维护供应商的利益，避免道德风险，若发现“搭便车”行为，则应及时制止并予以处罚。建立供应商对平台的信任，促进彼此之间的合作，增强供应商与需求客户的匹配程度，提升客户的满意度，从而保证云平台的健康发展。对于供应商来说，有效利用云平台这一媒介，发挥自身优势不断提高服务质量；注重企业间的合作关系，提高共享效率，遵守平台公约，维护平台共享机制的顺利运行；在协同合作的过程中，选择匹配度高的共享方，履行合同义务，保证信息创造的价值性。供应商应尽心为客户企业提供技术资源，帮助其更好地开展运营活动，个性化地定制预算模块、营销部分、成本分析、业绩考核等，不断通过云平台的强大功能帮助企业成长壮大。

4.2.3.2 加强风险管控，降低共享风险

“互联网+会计”背景下，云平台和供应商借助互联网技术发展，积极强化

共享体系，对平台的产品和服务进行管控。云平台主要以监控和维护为主，以便及时了解业务的发生情况、服务的履行进度等。供应商对产品的设计和数据的规范处理尤为重要，良好的操作环境不仅可以降低共享风险，还能有效规范需求方的使用，减少共享风险造成的经济损失。企业应该借助云平台，建立大数据信息和技术系统，合理监控企业的业务发展趋势、产品的服务状况，维护企业的长远发展。供应商应该对自身状况和外部环境有充分的了解，根据市场情况适当拓宽业务类型，避开竞争最激烈的业务且进一步丰富业务类型。地方政府和相关部门应该充分发挥其引领作用，注重云平台的发展规划，针对共享资源制定切实可行的政策以促进云平台的发展，为企业提供资金和技术等方面的支持，积极鼓励企业的上云建设。此外，强化监督力度，对云平台资源共享过程中的机会主义等投机行为予以严格处罚，降低共享风险，努力完善社会监督部门，促进行业协会的发展以增强企业的自律性。

4.2.3.3 用技术创新构建成本优势，树立品牌形象

企业应高度重视服务质量管理能力的提升，突破技术创新困境，对技术革新进行根本性改善。对于云平台上的供应商来说，持续强化创新技术、提高服务质量尤为重要。在日常运营中，应注重信息的收集，提高数据转化为可用资源的能力，突破固有的服务模式，个性化地提高产品质量和服务水平，为企业赢得良好的口碑奠定基础。同时，企业要致力于研发投入，将技术创新提升到公司战略层面的高度，一方面加大投入来引进专业人才，建立内部自主创新的系统运营与维护结构；另一方面充分利用云平台的资源，与价值链上下游企业乃至竞争对手构建多方参与的信息流网络，通过频繁的互动和交流促进创新，不断提升企业技术创新的核心能力。

4.3 基于云平台不同发展阶段的供求双方主体行为博弈

4.3.1 引言

云平台是将不同领域、不同类型和不同主体的信息资源进行有效聚集、高效整合并为经济活动提供相关资源输送的现实载体，是推动社会经济高速发展、促

进产业结构调整与产业融合、助力企业科技创新的重要资源库。但在云平台建设和发展的过程中，风险是一个不可回避的因素，事先分析影响云平台发展的风险因素并提出相应的应对措施，对推动云平台有序发展具有重要的作用。

云平台上的企业之间是否共享云会计资源，是一个不断反复博弈的过程，参与的主体均是基于自身利益驱动做出相应的博弈行为。在这个过程中，来自多方面的风险因素影响着主体双方的博弈行为。因此，从博弈角度出发，构建不完全信息静态博弈模型，以微观视角探究各类风险因素的影响，对云平台的发展具有重要意义。

关于资源云平台方面的研究，国内早期主要集中于因教育资源分布不均衡而提出构建教育资源云平台，以充分发挥教育资源的效用方面，如于忠军（2010）针对同一行政区域内的高校科技资源，研究了高校科技资源云平台的构建思路。在当前阶段，国内对于资源云平台的研究范围已扩大至各领域，如杜敬卿等（2019）致力于将资源共享理论实际应用到“非物质文化遗产”数字化工作中，并创造性地提出协同创新云平台模型理论；郭志远（2019）创新性地将资源云平台理论与犯罪侦查模型转型相结合，认为资源云平台所带来的数据驱动模式是将犯罪侦查水平推上更高台阶的必然选择；王永明和鲍计炜（2019）利用演化博弈模型分析了集群供应链中企业知识共享行为；Musman Scott 和 Turner Andrew（2018）借助网络安全游戏（CSG），通过网络安全博弈来识别网络安全风险并合理评估投资水平；Zhao R 等（2012）通过博弈论分析了制造商使用材料和减少碳排放的关系，并分析了制造商所选材料带来的环境风险。

综上所述，学者已在资源云平台、博弈模型、数据风险分析等方面分别进行了一定的研究，但对于云平台各发展阶段的参与者行为分析的研究很少。基于此，针对云平台的不同发展阶段，分析资源供给者和需求者的博弈行为，从中得到影响云平台发展的风险因素，并有针对性地给出合理的风险防范措施，推动资源互联互通与共享共用，实现各云平台参与者生产技术与生产效率协同发展，为社会资源合理配置提供一个新的实现途径。

4.3.2 云会计资源共享主体行为博弈研究

4.3.2.1 模型假设

假设 1：博弈模型中只有两组参与主体：资源供给者和资源需求者，两组参与主体均为完全理性的经济人，是“利益的追逐者”。两组参与主体最终的策略选择均取决于收益与成本的对比。

假设 2：资源供给者可以选择大量提供资源或少量提供资源，资源需求者可以选择加入云平台或不加入云平台。资源供给者提供资源数量的多少是相对于资源需求者在付出同等金额的成本时可获得的有效资源而言的。

假设 3：两组参与主体之间存在信息不对称的情况，即资源需求者不知道资源供给者所提供的资源的数量，而资源供给者不知道资源需求者是否会进入云平台以便自己可以取得交互收益。

假设 4：如果资源需求者拒绝加入云平台，但其仍想获得资源供给者提供的资源，那么资源需求者将付出一定的成本代价。当然，其获得资源后，同样可获得与资源相关的收益。

假设 5：资源供给者和资源需求者双方的策略选择同时进行，不分先后。

4.3.2.2 博弈模型的构建与求解分析

（1）参数设置。

1）资源供给者的最终收益记为 E_1，资源需求者的最终收益记为 E_2。

2）资源供给者在提供资源时存在风险成本（如资源泄露、资源权属纠纷等风险），C 为成本，其中，高成本记为 C_H，低成本记为 C_L。该成本受风险系数 K 的影响（$0<K<1$），则资源供给者风险成本为 KC，相应的资源供给者在大量提供资源时风险成本为 KC_H，少量提供资源时风险成本为 KC_L，且 $KC_H>KC_L$。同样地，资源需求者在进入云平台后获取资源也要承担一部分风险（如资源有误、信息不对称等风险），该风险成本受资源需求者获取资源所付出的相应对价 D 与风险系数 R 的影响（$0<R<1$），则该风险成本可以表示为 RD。相应地，资源需求者在获取大量资源时风险成本为 RD_H，而获取少量资源时风险成本为 RD_L。

3）资源供给者的收益可以理解为交互收益，是指供给者与进入云平台的资源需求者间接进行资源共享交流所得的那一部分权益；而资源需求者的收益则可以理解为战略改善收益，是指资源需求者因为获得了有效的资源而对自身的运营战略进行合理优化而获得的收益。设资源供给者的交互收益和资源需求者的战略改善收益分别与它们的共享成本和取得对价有关，成本与对价高则收益多，成本与对价低则收益少。设资源供给者的交互收益率为 T，则交互收益为 TC，相应地，大量提供资源时交互收益为 TC_H，少量提供资源时交互收益为 TC_L；资源需求者的战略改善收益率为 F，则战略改善收益为 FD，相应地，大量获取资源战略改善收益为 FD_H，少量获取资源战略改善收益为 FD_L。

4）拒绝进入云平台的资源需求者所额外付出的成本为 ΔC（$\Delta C>RD$）。

5）资源供给者提供大量资源的概率为 p，提供少量资源的概率为 $1-p$；资源需求者加入云平台的概率为 q，不加入云平台的概率为 $1-q$。

（2）模型建立。基于以上假设，通过构建收益矩阵来建立博弈矩阵。表4-8中各式所表达的含义为在不同策略下参与者所能得到的收益。由于该模型假设参与者均为理性的经济人，所以参与者的策略选择由其最终所获收益决定。但是从纯策略纳什均衡角度考虑，该模型不存在纳什均衡，因此，本模型采用反应函数的方式来求取该混合策略中的纳什均衡。

在资源供给者混合策略$(p, 1-p)$和资源需求者混合策略$(q, 1-q)$下，可得出该收益矩阵的纳什均衡点：

$$\begin{aligned}E_1 &= pq(TC_H-KC_H)+p(1-q)(-KC_H)+(1-p)q(TC_L-KC_L)+\\&\quad(1-p)(1-q)(-KC_L)\\&=p[q(TC_H-TC_L)-KC_H+KC_L]+qTC_L-KC_L\end{aligned}$$

$$\begin{aligned}E_2 &= pq(FD_H-RD_H)+p(1-q)(FD_H-\Delta C)+(1-p)q(FD_L-RD_L)+\\&\quad(1-p)(1-q)(FD_L-\Delta C)\\&=q[p(-RD_H+RD_L)-RD_L+\Delta C]+pFD_H+FD_L-\Delta C-pFD_L\end{aligned}$$

表4-8 云平台供需者之间的收益博弈矩阵

供需者		资源需求者	
		加入云平台(q)	不加入云平台$(1-q)$
资源供给者	大量提供资源(p)	TC_H-KC_H；FD_H-RD_H	$-KC_H$；$FD_H-\Delta C$
	少量提供资源$(1-p)$	TC_L-KC_L；FD_L-RD_L	$-KC_L$；$FD_L-\Delta C$

因此，纳什均衡必定满足下列关系：

$$\begin{cases}q\leqslant\dfrac{KC_H-KC_L}{TC_H-TC_L}, & p=0\\[2ex] q=\dfrac{KC_H-KC_L}{TC_H-TC_L}, & p\in(0, 1)\\[2ex] q\geqslant\dfrac{KC_H-KC_L}{TC_H-TC_L}, & p=1\end{cases}\tag{4-9}$$

$$\begin{cases}p\leqslant\dfrac{-RD_L+\Delta C}{RD_H-RD_L}, & q=1\\[2ex] p=\dfrac{-RD_L+\Delta C}{RD_H-RD_L}, & q\in(0, 1)\\[2ex] p\geqslant\dfrac{-RD_L+\Delta C}{RD_H-RD_L}, & q=0\end{cases}\tag{4-10}$$

由式（4-9）和式（4-10）可知，资源供给者大量提供资源的概率与资源需求者选择加入云平台的概率相互影响，一方参与者策略选择的概率完全取决于另一方参与者的策略选择。另外，图 4-10 的两条反应曲线由式（4-9）和式（4-10）得到，其中点 E 为反应曲线的交点，代表资源供给者和资源需求者的混合纳什均衡点，此时资源供给者和资源需求者的策略选择表示为：$\left\{\left(\frac{\Delta C-RD_L}{RD_H-RD_L}, 1-\frac{\Delta C-RD_L}{RD_H-RD_L}\right), \left(\frac{KC_H-KC_L}{TC_H-TC_L}, 1-\frac{KC_H-KC_L}{TC_H-TC_L}\right)\right\}$，即当资源供给者以 $\frac{-RD_L+\Delta C}{RD_H-RD_L}$ 的概率选择大量提供资源、资源需求者以 $\frac{KC_H-KC_L}{TC_H-TC_L}$ 的概率加入云平台时，二者达到均衡。

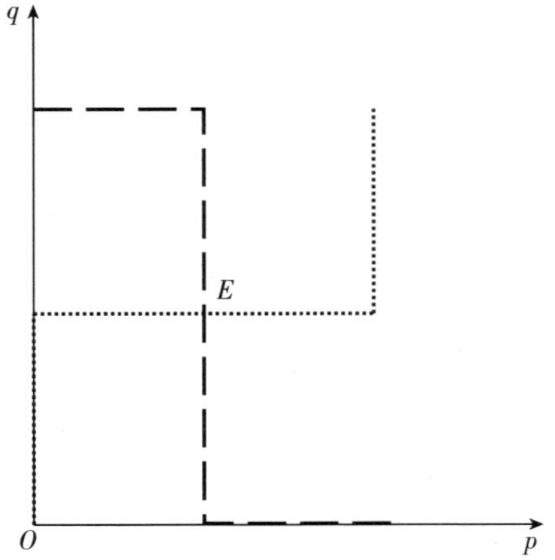

图 4-10　资源供给者和资源需求者策略选择反应曲线

（3）求解分析。当达到均衡状态时，对于资源供给者而言，是否选择“大量提供资源”策略的概率主要与资源需求者的风险成本 R 相关（一般来说，资源需求者获取资源的对价 D 以及拒绝加入云平台所额外付出的成本 ΔC 在一定时间内变化非常小，故不考虑 D 和 ΔC 的变动）。仅从资源需求者风险系数 R 来看，R 越小，资源供给者越倾向于选择大量提供资源。此时，由于众多资源需求者会选择进入云平台，因而会出现有利于资源供给者的“卖方市场”，根据市场规律，资源供给者将选择大量提供资源以获取更多的收益。对于资源需求者而言，是否选择进入云平台的概率主要与资源供给者风险系数 K 和资源供给者交互收益率 T 相关（通常情况下，资源供给者交互收益率 T 在一定经济发展水平下波动非常小，故不考虑 T 的波动）。仅从资源供给者风险系数 K 来看，当 K 变大时，资源需求者选择进入云平台的概率也随之增大。因为当资源供给者风险系数增大时，资源供给者将倾向于少量提供资源，此时资源需求者可获得的有效资源无论从数量上还是从质量上都会相应地下降，资源需求者若要获得其所需求的资源，可能会面临多次支付 ΔC 以从其他途径获取的境况，这会造成资源需求者额外的财务支出，所以资源需求者选择加入云平台的概率会相应地增大。

4.3.2.3 云平台分阶段主体行为博弈

在原始博弈模型的基础上，依据发展趋势即萌芽期、发展期和成熟期，进一步分析不同阶段的主体行为博弈。

第一阶段：云平台萌芽期。由图 4-11 可知，此阶段的纳什均衡点变化情况，为了视觉上更加清晰、明显，将变化后的曲线省略掉与 p 轴和 q 轴重合的部分。此阶段，由于云平台的发展刚刚起步，进入云平台的用户较少，资源供给者与资源需求者所能获得的收益也较少。同时，资源需求者所面临的风险较小，故假定此时资源供给者的反应曲线不变，资源供给者面临的是平台技术、制度、管理等诸多方面发展不成熟、不完善的境况，风险（如资源被盗取、资源所属权混乱等）系数便大幅增加，则代表资源需求者的反应曲线会从 SV 上升至 WZ，纳什均衡点由 E 点移动至 A 点。

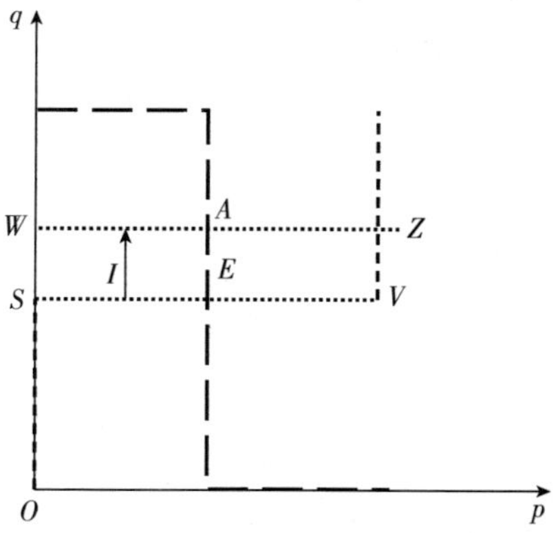

图 4-11 云平台萌芽期纳什均衡点变化示意图

第二阶段：云平台发展期。由图 4-12 可知，此阶段的云平台已经进入高速发展时期，在资源供给者和资源需求者借助云平台取得巨大收益的同时，也面临着前所未有的风险。此时，由于云平台的用户急剧增多，资源供给者面临的风险会迅速增大，使得资源供给者对大量提供资源的策略避之不及，资源需求者的反应曲线由 WZ 上升至 GH；而资源需求者由于突然间处于资源信息爆炸的平台环境中，对于资源的筛选、辨别与整合能力落后于资源提供与资源更新的速度，风险也相应增大，所以资源供给者的反应曲线由 LI 移动至 OJ，纳什均衡点由 A 点移动到 B 点。

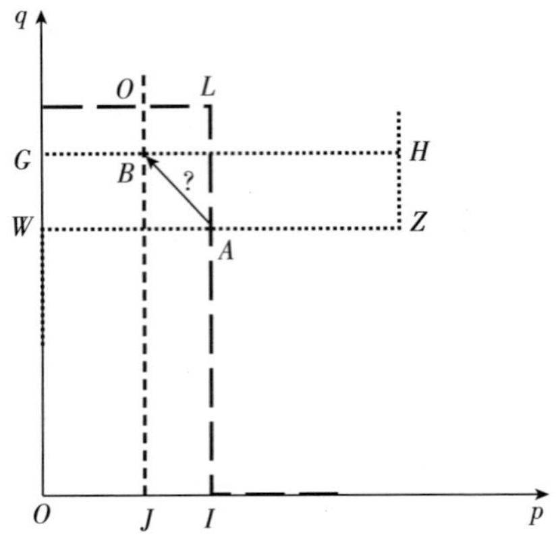

图 4-12　云平台发展期纳什均衡点变化示意图

第三阶段：云平台成熟期。由图 4-13 可知，此阶段的云平台各项规章制度逐步完善，技术发展更加成熟，整体也趋于稳定，资源供给者和资源需求者的风险均有小幅度下降，并逐步稳定在一个合理的位置上。同时，考虑到此时平台上资源供给者众多，竞争更加激烈，故资源供给者的交互收益率也会小幅度下降（资源供给者交互收益率下降幅度小于风险系数下降幅度）。因此，资源供给者的反应曲线由 *OJ* 移动至 *UD*，资源需求者的反应曲线由 *GH* 移动至 *XY*，纳什均衡点由 *B* 点移动到 *C* 点。

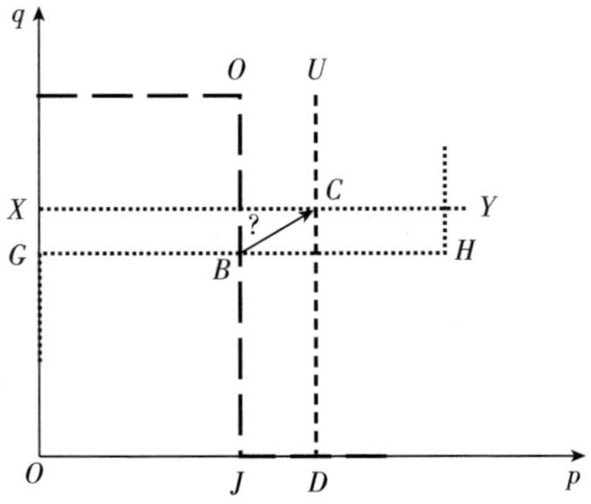

图 4-13　云平台成熟期纳什均衡点变化示意图

从上述三个阶段的变化可知，在云平台的不同发展阶段，资源供给者与资源需求者之间的纳什均衡点的变化可谓“曲折离奇”（见图 4-14）。从整体来说，资源供给者选择大量提供资源的概率变化过程为“不变—变小—变大”，而资源需求者选择加入云平台的概率变化过程为“上升—上升—上升”，虽然各阶段发展速度与发展程度有所不同，但结果始终向多提供资源且积极加入云平台的方向发展。

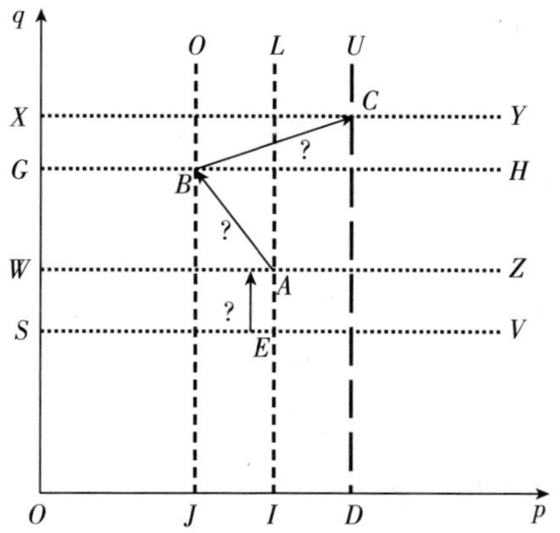

图 4-14　云平台纳什均衡点变化全过程示意图

4.3.3　云平台各主体所面临的风险

经由上文的分析可知，作为云平台参与主体的资源供给者和资源需求者，做何种策略选择与其面临风险大小以及风险种类有着紧密的关系，为便于分析，给出以下几种较为典型的风险。

（1）产权问题。资源作为企业经营资产的组成部分，对企业的发展至关重要。但是当企业进入云平台以后，资源便成为一种共享商品，整个市场会更多地需求丰富及优质的资源，在此过程中应避免出现因制度不完善而造成的产权归属混乱等问题，有效推动资源共享，促使双方经济效益扩大，使企业避免遭受不必要的经济损失。

（2）信任危机。征信制度如果不完善，交易过程中很可能会出现虚假资源、无效资源充斥云平台的情况，易出现信任危机，阻碍社会经济发展。

（3）信息不对称。在云平台中，资源供给者与资源需求者相比，往往掌握着更多的有效资源，加之其为资源交易链的上游，因此处于有利地位，而资源需求者处于相对不利且被动的地位，此种信息资源失衡的情况很可能影响市场机制配置资源的效率，造成资源供给者在资源交易中获取过多的剩余价值，最终导致因信息资源力量对比悬殊而利益分配严重失衡。

（4）交易双方逆向选择。既然在云平台交易过程中很可能出现信息不对称的风险，那么相应地，交易双方逆向选择的风险也会存在。当信息不对称的问题较为严重，或者某些资源供给者持续性提供质量低劣的资源时，资源需求者对于资源共享者便可能出现信任危机，直接导致提供大量且优质资源的供给者退出云平台；或者在双方角色转换时，曾经的资源需求者继续提供低质量的资源，而最终的结果就是整个云平台的资源数量少且质量低下，最终参与双方两败俱伤。

（5）安全保密风险。云平台作为汇聚海量资源信息的载体，极易成为不法分子攻击的目标。云平台所采用的诸如 Hadoop 生态架构等安全保密技术，在设计之初主要考虑在安全可信的内部网络中或是在发展成熟、内部监管完善的系统中使用，对企业身份鉴别、授权访问以及安全审计等安全功能需求考虑得不够完善，可见云平台自身存在的风险也可能给云平台的使用者带来重大风险。

除以上几类较为典型的风险外，常见的影响资源共享风险的因素还有：用户与终端管理安全风险，由于用户终端管理不规范，防护力度不足，造成用户私密资源泄露；监管系统不完善，在云平台运行的过程中，监管系统作为一个保障资源安全与维护交易秩序的核心部门，若是存在问题，则可能会造成整个云平台的混乱；相关法规不健全，"互联网+"开启了社会经济发展的新时代，但与"互联网+"相关的政策法规发展相对滞后，使得云平台交易双方难以实施对潜在的网络风险的控制。

4.3.4 结论与建议

云平台风险问题是资源共享信息管理领域的前沿热点问题，对于有效衔接和推进资源公开、共享经济以及公共资源再配置等关键问题具有重要的理论指导意义。本部分基于构建的博弈模型，对云平台萌芽期、发展期和成熟期分别进行了详细的分析，结果显示，虽然在发展过程中会有诸多问题，但仍然趋向于多共享资源且积极加入云平台发展。进一步地，分析了加入云平台可能存在的风险和对应的风险防范措施，为更好地推动云平台发展提供了借鉴，帮助云平台的参与者合理防范相关风险，预先采取相关措施，尽可能减少不必要的经济损失，以实现总体经济利益最大化。综上所述，提出以下建议：

第一，强化风险防范意识。强化风险防范意识是有效减小或规避风险的根本途径。随着社会经济的发展和科学技术的进步，各种风险层出不穷，外在的风险防范措施只是防范风险的手段，内在的风险防范意识才是平台使用者真正保护自己的武器。风险防范意识能够拉紧风险防范之弦，在应对突如其来的风险时有的放矢。

第二，加强网络治理司法制度建设。司法制度是规范行为的外在有效措施，其约束力度大且约束效果立竿见影。基于“互联网+”背景下的司法制度应当快速建立并且得到有效实施，且该类司法制度建设应具体结合“互联网+”的特点，形成全覆盖、多领域的法律规章制度，使得云平台参与者“有法可依”。

第三，加快建立参与者信用评价机制。完善的信用评价机制对保障云平台的有序运行具有积极作用，所以应该加快建立健全云平台参与者信用评价机制。对于提供高质量资源的供给者和合理获取、利用资源的需求者赋予较高的信用等级，而对于那些提供低质量或者虚假资源信息的供给者和通过非合理途径获得资源、非法利用资源的需求者赋予较低的信用等级，由此为云平台参与者在进行资源交易时提供可供参考的用户评价信息。

第四，加强监管和数据保密技术。云平台一部分风险是来自本身的技术缺陷，所以应推动云平台监管系统以及数据保密技术进行创新与完善，强调平台监管系统功能模块细化，通过不同模块责任细化来防控云平台可能引起的风险；同时在云平台中使用登录密钥、数据加密、病毒防护以及漏洞检测等系统，提高云平台运行环境的安全性，减小因云平台自身问题带来的数据保密风险，提高资源质量标准。

第五，政府有序引导。在大数据的时代背景下，虽然各类资源自由流通程度较高，但是仍然需要相关政府部门进行有序引导。相关政府部门应正确引导云平台参与者的行为，减小信息不对称、交易双方逆向选择等风险；同时，针对非法获取资源以及非法修改资源的行为应该建立相应的惩处机制。

5

云会计资源共享风险评估

5.1 基于政府监管视角的云会计资源共享安全评估

5.1.1 引言

“互联网+会计”是通过云计算、物联网、大数据技术将信息流、资金流、物流“三流”合一，通过财务共享服务中心共享财务信息，实现会计核算与业务活动的同步集成（王柏谊和杨帆，2016）。中小微企业在“互联网+会计”浪潮下，在财务核算、人员管理等方面实现了信息的有效集成，同时通过财务共享模式使会计监督、内部控制与业务流程等有机融合。在应用过程中，大量的会计信息通过互联网被筛选、储存、提取、处理，以便为员工提供“精准服务”，与此同时，也降低了中小微企业的运营成本，提高了整体效益。这种信息处理方式使得企业会计信息处在数据共享的网络环境下（许永斌，2000）。云会计的广泛应用解决了传统会计数据分散、易丢失、难以实时提取数据的问题，但是互联网系统分布式、开放性的特点以及云会计的资源池化使得资源共享安全问题突出（陈毅春，2018）。目前，有关云会计安全方面的法律法规有所欠缺，没有出台大量相应的标准化文件以供指导，因此引发了中小微企业对云会计资源共享安全的考虑。

层次分析法是由美国教授萨蒂在 20 世纪 70 年代初提出的将定性和定量相结合的层次权重决策分析方法（Araki et al.，2016）。模糊综合评价法起源于模糊数学，1965 年美国自动控制专家 Zadeh 发表了《模糊集》，成功地通过数学方法对万事万物中存在的模糊现象进行了描述。定量指标可以通过收集各项数据对安全状况进行客观的评价；而定性指标难以通过客观的数据计算出准确的结果，掺杂着主观成分，带有一定的不确定性和模糊性（Liang and Yang，2010），在这种情况下，只能依靠外部行为表现，进而导致对资源共享安全认知的不清晰特征，这些都属于模糊特征（刘甘娜和杨烜，1995）。因此，既无法获得精准的数据也无法利用数学公式计算出特定的数据来评估云会计资源共享是否安全。模糊综合评价法作为一种定性与定量结合的方法，通过构造评语集与数值集，将定性指标转化为定量指标，解决了定性指标难以转化的问题。模糊综合评价体系分为目标层、准则层、方案层三个层次，通过对目标层影响因素的分析，层层构建指标，形成最终的评价体系，利用这种方法，有助于问题的识别，可以有针对性地制定解决方案。

综上，从政府监管角度出发，探讨企业应用云会计的安全影响因素，层层划分目标层，构建评价体系，通过层次分析法确定各项指标的权重，构建模糊综合评价模型，对中小微企业在“互联网+会计”背景下云会计资源共享安全进行评估，得出了企业应用云会计的安全水平为良好，并针对这一结果提出了对策，促进云会计在企业中的发展。

5.1.2 模型设计

云会计在企业中的应用推进了会计信息化发展，为企业实际运营降低了成本，提高了企业尤其是中小微企业的竞争力，但是由于云会计提出时间短、实践范围还未全方位普及，因此，云会计在实际中的应用存在着一系列问题，诸如系统平台建设的落后以及系统安全性不够等，阻碍了会计信息化的发展。鉴于此，将评估体系划分为企业自身管理、云服务提供商资信度以及云平台监管机制三类指标。

（1）企业自身管理评估指标。一是员工培养。企业作为最终端，既是信息的发出者，也是信息的接收者，员工的不当或非法操作可能导致信息泄露，使企业陷入不安全的境地，因此，企业要定期对员工进行培训，包括计算机知识、会计软件的应用及相关法规制度等（潘中建，2018）。二是员工权限明晰度。不同岗位的员工有不同的权限，员工权限划分也是企业数据资产安全的保障。三是审批流健全性。为了防止非授权人员非法窃取企业数据，企业应当对账户严厉控制，账户的增、删、改应当配置必要的审批流。四是权限审核频率。对于中小微企业，人事变动周期短，因此，定期对已有账户的职责与权限进行匹配，确保每个用户职责一致也是企业会计信息安全的保证。五是操作性指导文件健全性。由于企业会计信息系统随着企业的需求实时变动，员工大多以操作性指导文件为依据进行实际操作，因此，企业应当对操作性指导文件做到定期核对、更换。

（2）云服务提供商资信度评估指标。所谓“资信度”，从云服务提供商提供服务的可持续性与可信性两个方面考虑。从可持续性方面考虑，一是服务不中断，是指在应用云服务的过程中，用户的关键工作都负载迁移到云平台，一旦中途出现宕机将会给用户带来巨额损失，因此要保证服务不中断；二是售后维护水平，服务商的运营状况与企业的需求是呈动态变化的，一旦服务商的运营状况支撑不起承诺对企业提供的服务，企业将承担会计信息丢失或者转移的风险，因此，服务商对于企业的需求要进行系统的实时配置和变更，以此保证服务的连续性。从可信性方面考虑，一是数据安全，主要是指企业内部会计信息安全，会计信息是企业的核心资产，也是企业首要考虑的，会计信息的安全包括信息的保密性（对企业外部不良动机人员保密、对企业内部非授权人员保密）和信息的完整性（企业数据通过互联网从客户端传到云端的过程中容易遭到黑客等不法分子的窃取和篡改，使得数据不完整，从而造成企业会计信息的失真）两个层面，如何为企业会计信息创造一个良好的生态环境是企业关注的重点；二是服务等级协议透明度，企业与云服务提供商签订服务等级协议主要包括服务范围、违约条款以及其他说明等内容，如果企业对于服务等级协议的了解不够，忽略协议中可能存在的陷阱，容易发生云服务提供商与企业需求方信息不对称的情况；三是风险管理水平，云服务提供商是否对其提供的服务在系统实施各个阶段有专门的风险管控机制是企业应用云会计安全的保证，风险管控分为事前预测系统实施可能存在的风险并及时控制、在实施过程中及时解决系统出现的问题以及在系统实施之后对系统出现的问题进行总结和归纳，并出具合理的分析与对策；四是声誉，企业对云服务提供商要横向评估，声誉度越高的供应商，其提供的服务越有安全保障；五是稳定性及增长性，云服务提供商良好的未来发展前景是避免企业在应用云会计服务过程中数据丢失的保障；六是人员专业水平，云服务提供商对于企业内部业务要有一定的了解，其配备的人员是否可以快速了解企业需求也是云服务提供商可信性的衡量尺度。

（3）云平台监管机制评估指标。一是准入机制完善度，云平台为各云服务提供商提供了一个运营平台，如“淘宝”，云服务提供商如同“淘宝”上的电商，而企业如同“淘宝”上的用户，大量的云服务提供商的涌入，难免掺杂着非正规云服务提供商，政府作为需求方与供应商的第三方，应当对其背景以及其他方面进行调查，建立完善的市场准入机制；二是惩罚机制完善度，对于一些违规的供应商，是否有相应的惩罚机制以及对损失方的赔偿机制也是企业关注的重点（Van Laarhoven et al.，1983）。

云会计资源共享安全评估体系如表5-1所示。

表5-1 云会计资源共享安全评估体系

一级指标	二级指标	二级指标简析
企业自身管理（U_1）	员工培养（U_{11}）	企业员工对云产品操作熟练程度
	员工权限明晰度（U_{12}）	企业员工权限划分是否明晰
	审批流健全性（U_{13}）	企业员工权限发生更改时，审批流健全性
	权责审核频率（U_{14}）	企业员工权限是否实时更新
	操作性指导文件健全性（U_{15}）	企业云会计产品操作性指导文件是否实时更新
云服务提供商资信度（U_2）	服务不中断（U_{21}）	是否出现宕机
	售后维护水平（U_{22}）	对用户配置与变更管理的维护水平
	数据安全（U_{23}）	信息的保密性与完整性，具体从系统的身份认证、数据加密管理以及链路的传输安全考虑
	服务等级协议透明度（U_{24}）	云服务提供商与用户方签订协议是否存在信息不对称
	风险管理水平（U_{25}）	云服务提供商对企业应用云会计产品过程中可能存在风险的预警机制
	声誉（U_{26}）	云服务提供商提供服务的水平以及信誉度
	稳定性及增长性（U_{27}）	云服务提供商运营的稳定性
	人员专业水平（U_{28}）	云服务提供商的专业水平以及对用户信息保密的职业操守
云平台监管机制（U_3）	准入机制完善度（U_{31}）	云服务提供商市场准入机制完善度
	惩罚机制完善度（U_{32}）	对存在违规行为的云服务提供商的惩罚机制完善度

5.1.3 评估与分析

为了科学地评估云会计资源共享安全水平，采用层次分析法确定云会计资源共享安全评估各指标的权重，由于某些评估因子没有明确的界限和外延，无法用是与否来描述，因而采用模糊综合评价法进行评估将更接近实际情况。本次调查对象选取了应用云会计服务的中小微企业，并以回收的调查问卷为样本通过层次分析法和模糊综合评价法对当下中小微企业应用云会计服务安全情况进行研究，详细步骤如下。

5.1.3.1 建立层次结构

通过上述分析，构建了云会计资源共享安全评估指标。在评估过程中，我们一般将其划为三个层次：目标层、准则层和指标层。目标层即云会计资源共享安全，准则层从企业自身管理、云服务供应商资信度以及云平台监管机制三个维度衡量，并据此进一步细化，通过对各影响因素的分析归纳，结合评估系统结构、层次、功能、联系方式等方面，形成完整的评估层次结构，如图 5-1 所示。

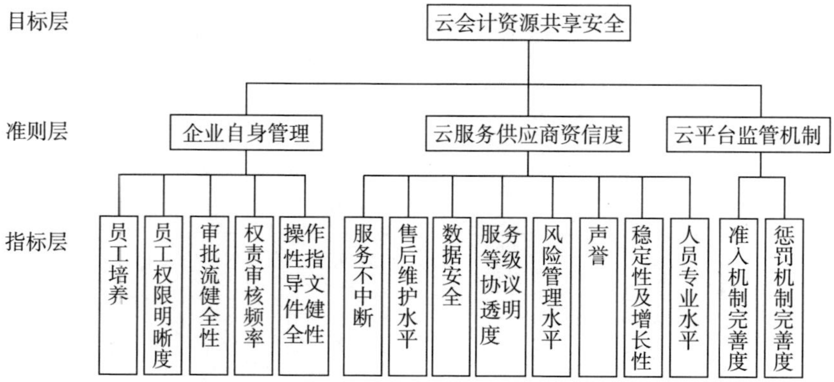

图 5-1 云会计资源共享安全评估层次结构模型

5.1.3.2 确定指标权重

将各层次、各因素之间两两对比，如对因素 i 和因素 j 进行对比，根据表 5-2 确定判断矩阵元素 a_{ij}，并对判断矩阵进行一致性检验。

表 5-2 比例标度表

因素 i 对比因素 j	量化值
同等重要	1
稍微重要	3
较强重要	5
强烈重要	7
极端重要	9
两相邻判断的中间值	2，4，6，8

参照比例标度表，对云会计安全进行评估，将这些指标对企业云会计资源共享安全影响程度的大小进行相互对比，得到评估矩阵，如表 5-3 所示。

表 5-3 云会计资源共享安全评估矩阵

指标	企业自身管理	云服务提供商资信度	云平台监管机制	权重
企业自身管理	1	1/5	1/2	0.122
云服务提供商资信度	5	1	3	0.648
云平台监管机制	2	1/3	1	0.230

得到一级指标判断矩阵为 $\boldsymbol{A}=\begin{bmatrix}1 & 1/5 & 1/2\\ 5 & 1 & 3\\ 2 & 1/3 & 1\end{bmatrix}$，每个层次的顺序是通过特征值求解得到的，通过 $\boldsymbol{AW}=\lambda\boldsymbol{W}$，$\boldsymbol{W}$ 代表最大特征值对应的特征向量，λ 代表最大特征值，最大特征值 $\lambda=3.0037$，将其对应的特征向量归一化得：$\boldsymbol{W}=[0.122\quad 0.648\quad 0.230]$。

再判断指标一致性，公式为 $CI=\frac{\lambda-n}{n-1}$（n 为矩阵阶数），将 $\lambda=3.0037$ 代入计算得到 $CI=0.002$。除此之外，判断矩阵的阶数也影响一致性，因此，通过检验系数 $CR=CI/RI$ 来判断其是否符合一致性要求，若小于 0.1，则符合一致性要求；若大于 0.1，则要对其进行调整直至符合要求。当 $n=3$ 时，$RI=0.58$，检验系数 $CR=CI/RI<0.1$，通过一致性检验。

企业自身管理判断矩阵如表 5-4 所示。

表 5-4 企业自身管理判断矩阵

指标	员工培养	员工权限明晰度	审批流健全性	权责审核频率	操作性指导文件健全性	权重
员工培养	1	1	3	5	6	0.386
员工权限明晰度	1	1	1	3	6	0.297
审批流健全性	1/3	1	1	2	1	0.156
权责审核频率	1/5	1/3	1/2	1	1	0.079
操作性指导文件健全性	1/6	1/6	1	1	1	0.082

企业自身管理判断矩阵 $\boldsymbol{A}_1=\begin{bmatrix}1 & 1 & 3 & 5 & 6\\ 1 & 1 & 1 & 3 & 6\\ 1/3 & 1 & 1 & 2 & 1\\ 1/5 & 1/3 & 1/2 & 1 & 1\\ 1/6 & 1/6 & 1 & 1 & 1\end{bmatrix}$，$\boldsymbol{A}_1$ 的最大特征值 $\lambda=5.2673$，对应的特征向量为 $\boldsymbol{W}_1$，将其归一化得 $\boldsymbol{W}_1=[0.386\quad 0.297\quad 0.156$

0.079　0.082]。

再判断指标一致性，公式为 $CI=\frac{\lambda-n}{n-1}$（n 为矩阵阶数），将 $\lambda=5.2673$ 代入计算得到 $CI=0.0067$，当 $n=5$ 时，$RI=1.12$，检验系数 $CR=CI/RI<0.1$，通过一致性检验。

云服务提供商资信度判断矩阵如表 5-5 所示。

表 5-5　云服务提供商资信度判断矩阵

指标	服务不中断	售后维护水平	数据安全	服务等级协议透明度	风险管理水平	声誉	稳定性及增长性	人员专业水平	权重
服务不中断	1	3	1/4	5	1	2	3	2	0.174
售后维护水平	1/3	1	1/4	4	3	3	3	4	0.161
数据安全	4	4	1	4	3	3	3	5	0.323
服务等级协议透明度	1/5	1/4	1/4	1	1/3	1/2	1/2	1/2	0.038
风险管理水平	1	1/3	1/3	3	1	1	1	3	0.097
声誉	1/2	1/3	1/3	2	1	1	1	3	0.082
稳定性及增长性	1/3	1/3	1/3	2	1	1	1	3	0.079
人员专业水平	1/2	1/4	1/5	2	1/3	1/3	1	1	0.046

云服务提供商资信度判断矩阵 $\boldsymbol{A}_2=\begin{bmatrix} 1 & 3 & 1/4 & 5 & 1 & 2 & 3 & 2 \\ 1/3 & 1 & 1/4 & 4 & 3 & 3 & 3 & 4 \\ 4 & 4 & 1 & 4 & 3 & 3 & 3 & 5 \\ 1/5 & 1/4 & 1/4 & 1 & 1/3 & 1/2 & 1/2 & 1/2 \\ 1 & 1/3 & 1/3 & 3 & 1 & 1 & 1 & 3 \\ 1/2 & 1/3 & 1/3 & 2 & 1 & 1 & 1 & 3 \\ 1/3 & 1/3 & 1/3 & 2 & 1 & 1 & 1 & 3 \\ 1/2 & 1/4 & 1/5 & 2 & 1/3 & 1/3 & 1 & 1 \end{bmatrix}$，

$\boldsymbol{A}_2$ 的最大特征值 $\lambda=8.8695$，对应的特征向量为 $\boldsymbol{W}_2$，将其归一化得 $\boldsymbol{W}_2$=[0.174　0.161　0.323　0.038　0.097　0.082　0.079　0.046]。

再判断指标一致性，公式为 $CI=\frac{\lambda-n}{n-1}$（n 为矩阵阶数），将 $\lambda=8.8695$ 代入计算得到 $CI=0.124$，$n=8$ 对应的 $RI=1.41$，检验系数 $CR=CI/RI<0.1$，通过一致性检验。

云平台监管机制判断矩阵如表 5-6 所示。

表 5-6 云平台监管机制判断矩阵

指标	准入机制完善度	惩罚机制完善度	权重
准入机制完善度	1	2	0.667
惩罚机制完善度	1/2	1	0.333

云平台监管机制判断矩阵 $\boldsymbol{A}_3=\begin{bmatrix}1 & 2\\1/2 & 1\end{bmatrix}$，$\boldsymbol{A}_3$ 的最大特征值 $\lambda=2$，对应的特征向量为 $\boldsymbol{W}_3$，将其归一化得 $\boldsymbol{W}_3=[0.667\quad 0.333]$。

再判断指标一致性，公式为 $CI=\frac{\lambda-n}{n-1}$（n 为矩阵阶数），将 $\lambda=2$ 代入计算得到 $CI=0.00$，检验系数 $CR=CI/RI<0.1$，通过一致性检验。

5.1.3.3 层次总排序

对层次进行总排序，即通过对同一层次单排序权重值，计算相对于上一层次本层次所有指标重要性的权重值，由上至下，其层次的排序即总的排序，通过以上评分，得到了最终的指标体系与权重总排序，如表 5-7 所示。

表 5-7 指标体系与权重总排序

一级指标	权重	二级指标	权重	总排序
企业自身管理	0.122	员工培养	0.386	0.047
		员工权限明晰度	0.297	0.036
		审批流健全性	0.156	0.019
		权责审核频率	0.079	0.010
		操作性指导文件健全性	0.082	0.010
云服务提供商资信度	0.648	服务不中断	0.174	0.113
		售后维护水平	0.161	0.104
		数据安全	0.323	0.209
		服务等级协议透明度	0.038	0.025
		风险管理水平	0.097	0.063
		声誉	0.082	0.053
		稳定性及增长性	0.079	0.051
		人员专业水平	0.046	0.030
云平台监管机制	0.230	准入机制完善度	0.667	0.153
		惩罚机制完善度	0.333	0.077

通过对其总排序的计算，可以看出影响云会计资源共享安全的因素主要是数据安全、准入机制完善度、服务不中断、售后维护水平以及惩罚机制完善度这五大因素，这五大因素同样也是企业应用云服务考虑的关键所在。

5.1.3.4 云会计资源共享安全评价

选取应用过云会计产品的企业员工作为研究对象，构建模糊综合评价模型，对中小微企业云会计资源共享安全进行评价，在确定了各指标的权重后，再确定各二级指标模糊评价矩阵 $\boldsymbol{R}_i$、模糊权重向量 $\boldsymbol{A}_i$，两者相乘将得到对应的各一级指标最终评价向量 $\boldsymbol{B}_i$，再通过百分制转化计算得到对应的分数，依次累计到目标层，得到目标层对应的最终评价向量 $\boldsymbol{B}$ 及相应的分数（ZulKarami et al.，2019）。

（1）设计评价因素集 U。

$$U=[U_1 \quad U_2 \quad U_3] \tag{5-1}$$

式中：U_1 为企业自身管理，U_2 为云服务提供商资信度，U_3 为云平台监管机制。针对各个一级指标，设计相应的二级指标，如 U_1 评价因素集为

$$U_1=[U_{11} \quad U_{12} \quad U_{13} \quad U_{14} \quad U_{15}] \tag{5-2}$$

式中：U_{11} 为员工培养，U_{12} 为员工权限明晰度，U_{13} 为审批流健全性，U_{14} 为权责审核频率，U_{15} 为操作性指导文件健全性，其他以此类推。

（2）构建目标分配权重集。上文已通过层次分析法得到了各级评价指标：

$$\boldsymbol{W}=[0.122 \quad 0.648 \quad 0.230] \tag{5-3}$$

$$\boldsymbol{W}_1=[0.386 \quad 0.297 \quad 0.156 \quad 0.079 \quad 0.082] \tag{5-4}$$

$$\boldsymbol{W}_2=[0.174 \quad 0.161 \quad 0.323 \quad 0.038 \quad 0.097 \quad 0.082 \quad 0.079 \quad 0.046] \tag{5-5}$$

$$\boldsymbol{W}_3=[0.667 \quad 0.333] \tag{5-6}$$

（3）构建评语集 V 和数值集 R_i（$i=1, 2, \cdots, 5$）。

$$V=[V_1 \quad V_2 \quad V_3 \quad V_4 \quad V_5] \tag{5-7}$$

式中：V_1 为优，V_2 为良，V_3 为中，V_4 为较差，V_5 为差。

（4）构建隶属度子集。

$$R_i=[r_{i1} \quad r_{i2} \quad r_{i3} \quad r_{i4} \quad r_{i5}] \tag{5-8}$$

如 U_1，对于 U_1 一级指标对应的二级指标 U_{11}，通过问卷得到的数据分析计算出“优”所占成分为 r_{11}，“良”所占成分为 r_{12}，“中”所占成分为 r_{13}，“较差”所占成分为 r_{14}，“差”所占成分为 r_{15}，即 R_i 中所对应的指标代表对评语集 V_1、V_2、V_3、V_4、V_5 的隶属度，且满足：

$$r_{ij}=\frac{\text{第 } i \text{ 个指标选择 } V_j \text{ 等级的人数}}{\text{评价对象总人数}}\text{，其中 } j=1, 2, \cdots, 5 \tag{5-9}$$

从而形成相应矩阵 $\boldsymbol{R}_1$：

$$R_1=\begin{bmatrix} r_{11} & r_{12} & r_{13} & r_{14} & r_{15} \\ r_{21} & r_{22} & r_{23} & r_{24} & r_{25} \\ r_{31} & r_{32} & r_{33} & r_{34} & r_{35} \\ r_{41} & r_{42} & r_{43} & r_{44} & r_{45} \\ r_{51} & r_{52} & r_{53} & r_{54} & r_{55} \end{bmatrix} \tag{5-10}$$

（5）二级模糊综合评价。首先，评价对象分别对问卷中涉及的指标隶属等级进行判断，如表5-8所示。若员工选择良，则该指标为良的属性加1，其余属性记为0，并将问卷汇总，再计算各指标各评语集隶属度，可以得到隶属度子集 R_{ij}，如：

$$R_{11}=[0.13\quad 0.50\quad 0.28\quad 0.08\quad 0.01] \tag{5-11}$$

$$R_{12}=[0.26\quad 0.47\quad 0.19\quad 0.07\quad 0.01] \tag{5-12}$$

表5-8 某中小微企业员工“企业自身管理”指标判断结果

一级指标	二级指标	优	良	中	较差	差
企业自身管理	员工培养		√			
	员工权限明晰度			√		
	审批流健全性			√		
	权责审核频率			√		
	操作性指导文件健全性				√	

因此得到 U_1 对应的二级指标的模糊评价矩阵 R_1：

$$R_1=\begin{bmatrix} 0.13 & 0.50 & 0.28 & 0.08 & 0.01 \\ 0.26 & 0.47 & 0.19 & 0.07 & 0.01 \\ 0.25 & 0.45 & 0.18 & 0.10 & 0.02 \\ 0.04 & 0.18 & 0.32 & 0.37 & 0.09 \\ 0.11 & 0.48 & 0.30 & 0.10 & 0.01 \end{bmatrix} \tag{5-13}$$

同样可以得到 U_2 对应的二级指标评价矩阵 R_2 以及 U_3 对应的二级指标评价矩阵 R_3：

$$R_2=\begin{bmatrix} 0.15 & 0.24 & 0.34 & 0.17 & 0 \\ 0.02 & 0.45 & 0.42 & 0.08 & 0.03 \\ 0.36 & 0.27 & 0.24 & 0.10 & 0.03 \\ 0.04 & 0.51 & 0.30 & 0.14 & 0.01 \\ 0.13 & 0.39 & 0.37 & 0.11 & 0.01 \\ 0.18 & 0.56 & 0.20 & 0.05 & 0.01 \\ 0.23 & 0.62 & 0.11 & 0.04 & 0 \\ 0.13 & 0.56 & 0.26 & 0.05 & 0 \end{bmatrix} \tag{5-14}$$

$$\boldsymbol{R}_3=\begin{bmatrix}0&0&0&0&1\\0&0&0&0&1\end{bmatrix} \tag{5-15}$$

其次，确定 U_1、U_2、U_3 下的二级指标模糊权重向量 $\boldsymbol{W}_1$、$\boldsymbol{W}_2$、$\boldsymbol{W}_3$：

$$\boldsymbol{W}_1=[0.386 \quad 0.297 \quad 0.156 \quad 0.079 \quad 0.082] \tag{5-16}$$

$$\boldsymbol{W}_2=[0.174 \quad 0.161 \quad 0.323 \quad 0.038 \quad 0.097 \quad 0.082 \quad 0.079 \quad 0.046] \tag{5-17}$$

$$\boldsymbol{W}_3=[0.667 \quad 0.333] \tag{5-18}$$

该向量反映了指标对于安全评价的重要程度，通过将模糊评价矩阵与模糊权重向量相乘，综合了权重与指标安全性两项因素，使得出的结论更加科学，然后进行已有指标归一化处理。设 $\boldsymbol{B}_1$ 为 U_1 最终评价向量，$\boldsymbol{B}_2$ 为 U_2 最终评价向量，$\boldsymbol{B}_3$ 为 U_3 最终评价向量：

$$\boldsymbol{B}_1=\boldsymbol{A}_1\boldsymbol{R}_1=[0.18 \quad 0.46 \quad 0.24 \quad 0.10 \quad 0.02] \tag{5-19}$$

$$\boldsymbol{B}_2=\boldsymbol{A}_2\boldsymbol{R}_2=[0.20 \quad 0.38 \quad 0.30 \quad 0.10 \quad 0.02] \tag{5-20}$$

$$\boldsymbol{B}_3=\boldsymbol{A}_3\boldsymbol{R}_3=[0 \quad 0 \quad 0 \quad 0 \quad 1] \tag{5-21}$$

“优”对应分数为 100 分，“良”对应 80 分，“中”对应 60 分，“较差”对应 40 分，“差”对应 20 分，因此，通过矩阵 $\boldsymbol{C}=[100 \quad 80 \quad 60 \quad 40 \quad 20]$ 将其转化为分数 Z_1、Z_2、Z_3：

$$Z_1=\boldsymbol{B}_1\boldsymbol{C}^{\mathrm{T}}=[0.18 \quad 0.46 \quad 0.24 \quad 0.10 \quad 0.02]\begin{bmatrix}100\\80\\60\\40\\20\end{bmatrix}=73.60 \tag{5-22}$$

$$Z_2=\boldsymbol{B}_2\boldsymbol{C}^{\mathrm{T}}=[0.20 \quad 0.38 \quad 0.30 \quad 0.10 \quad 0.02]\begin{bmatrix}100\\80\\60\\40\\20\end{bmatrix}=72.80 \tag{5-23}$$

$$Z_3=\boldsymbol{B}_3\boldsymbol{C}^{\mathrm{T}}=[0 \quad 0 \quad 0 \quad 0 \quad 1]\begin{bmatrix}100\\80\\60\\40\\20\end{bmatrix}=20 \tag{5-24}$$

（6）一级模糊评价。$\boldsymbol{B}_1$、$\boldsymbol{B}_2$ 与 $\boldsymbol{B}_3$ 形成目标层模糊评价矩阵，乘以对应的权重向量得到目标层最终评价向量 $\boldsymbol{B}$，再将其转为分数形式，得到最终评价值 Z：

$$Z = \boldsymbol{B}\boldsymbol{C}^{\mathrm{T}} = [0.15 \quad 0.30 \quad 0.22 \quad 0.08 \quad 0.25] \begin{bmatrix} 100 \\ 80 \\ 60 \\ 40 \\ 20 \end{bmatrix} = 60.40 \tag{5-25}$$

5.1.3.5 评价结果的处理

（1）总程度分析。对照安全评价等级表（见表 5-9），判断 Z 对应的安全等级。最终结果如表 5-10 所示，根据各等级隶属度可以得出中小微企业云会计资源共享的整体安全级别为良好水平。

表 5-9 安全评价等级

分值区间	$80<Z\leqslant100$	$60<Z\leqslant80$	$40<Z\leqslant60$	$20<Z\leqslant40$	$0\leqslant Z\leqslant20$
安全等级	优	良	中	较差	差

表 5-10 云会计资源共享安全及一级指标的综合评价结果

一级指标	企业自身管理	云服务提供商资信度	云平台监管机制	云会计资源共享安全
综合评价值	73.60	72.80	20	60.40

（2）各因素程度分析。由上述计算结果得出了中小微企业应用云会计整体安全水平为“良”，为了更深入地了解其安全情况，需要对各影响因素进行分析，如企业最关注的数据安全因素的安全水平，已知：

$$\boldsymbol{R}_{23} = [0.36 \quad 0.27 \quad 0.24 \quad 0.10 \quad 0.03] \tag{5-26}$$

$$Z_{23} = \boldsymbol{R}_{23}\boldsymbol{C}^{\mathrm{T}} = 76.6 \tag{5-27}$$

这表明数据安全水平为“良”。通过这种方式，企业可以精确了解应用云会计的安全情况，针对自身情况，合理衡量评估，做出合适的选择。同样，云服务提供商也可以有针对性地改进其安全措施，以此提升安全等级，增强用户信心。限于篇幅，表 5-11 直接给出各个影响因素安全值以及各指标对应的安全等级，可以对云会计资源共享安全情况有更清晰、整体的了解。

由表 5-11 可以看出，在影响因素中，处于“差”的为准入机制完善度、惩罚机制完善度，处于“中”的为权责审核频率，所得分数在 60 分以上 70 分以下的有服务不中断、售后维护水平以及服务等级协议透明度。以上几个因素是云会计资源共享安全值较低的主要影响因素。基于此，有针对性地提出了以下建议，有助于提高云会计资源共享的安全性，增强中小微企业应用云服务的信心。

表 5-11　云会计资源共享安全模糊综合评价汇总

一级指标	二级指标	得分	安全等级
企业自身管理（U_1）	员工培养（U_{11}）	73.2	良
	员工权限明晰度（U_{12}）	78	良
	审批流健全性（U_{13}）	76.2	良
	权责审核频率（U_{14}）	41.2	中
	操作性指导文件健全性（U_{15}）	71.6	良
云服务提供商资信度（U_2）	服务不中断（U_{21}）	61.4	良
	售后维护水平（U_{22}）	67	良
	数据安全（U_{23}）	76.6	良
	服务等级协议透明度（U_{24}）	68.6	良
	风险管理水平（U_{25}）	71	良
	声誉（U_{26}）	77	良
	稳定性及增长性（U_{27}）	80.8	优
	人员专业水平（U_{28}）	75.4	良
云平台监管机制（U_3）	准入机制完善度（U_{31}）	20	差
	惩罚机制完善度（U_{32}）	20	差

5.1.4　防范措施

从上述分析可以得到影响云会计资源共享安全的主要指标是准入机制完善度、惩罚机制完善度、权责审核频率、服务不中断、售后维护水平以及服务等级协议透明度六大因素，通过对具体安全影响因子的分析，得出安全情况处于较低水平的是准入机制完善度、惩罚机制完善度、权责审核频率以及服务不中断，因此，需要针对主要的影响因素以及处于较低安全等级的影响因素采取具体的防范措施，以提升云会计安全等级。

（1）云服务提供商资信度的提升。首先，加强数据安全保障。数据是企业的重要资产，确保数据安全也是企业关注的热点，具体可从以下几个方面来防范数据风险：加密技术的改进，加密技术是数据安全的重要保障，现实中大部分安全隐患源于技术上的缺陷，因此，云服务提供商应加大对技术人员的引进，不断完善加密技术，除普通的加密技术以外，可以采用强效加密技术，相较于普通的加密技术，强效加密技术更占优势，黑客不容易入侵，更能保证用户会计信息的完整性和保密性；虚拟机软件仿真现实系统，针对可能出现的如黑客入侵等现象构建虚拟化的安全网关，以此来保证数据的安全（彭超然，2014）；加强身份认证管理，对于企业不同人员分配不同的权限，如果权限分配没有得到及时更新，也容易导致企业机密的泄露；数据备份，系统在运行过程中可能会出现预料之外的问题，如宕机，服务的中断会导致企业数据的丢失，因此，云服务提供商要做好数据备份工作，防止企业重要的财务信息丢失。其次，提升售后维护水平。云服务提供商不仅要在为企业提供服务前提高云产品的质量，加深用户选择的信心，在提供服务的过程中也应当提升自身专业水平，为用户提供一个良好的运作环境，以此来杜绝服务中断现象的发生。此外，在服务后期，云服务提供商应当做到有始有终，及时满足用户提出的需求，提升云服务提供商的售后维护水平。最后，加大服务等级协议透明度。服务等级协议是企业权益的保障，因此云服务提供商在制定服务等级协议时，条款内容要清晰明了，尤其是关于出现质量问题时云服务提供商对企业的赔偿条款等。

（2）加快云平台监管机制建设。由于云平台处于发展上升期，其相应的法律法规相对不完善，企业作为需求方，无法有效识别云服务提供商的资质，而云服务提供商的服务中断很有可能给企业带来严重损失，因此，政府应鼓励加快云平台的建立，并制定相关法律法规，对云服务提供商的资质做出有效的评估。同时，建立起有效的惩处机制，可以对一些违规供应商及时予以惩罚，为受损企业提供相应的赔偿，提升用户应用云平台的信心。云平台建设要耗费大量的人力、物力、财力，因此，政府要加大投入，鼓励 IT 企业积极投入云平台建设，对于一些资金困难的 IT 企业要给予资金支持。

（3）加强企业自身管理。通过得出的数据可以看到，企业对于员工的权责审核还有所欠缺，因此权责审核是数据安全保障的重要环节，权责审核频率越高，员工权责分配准确度就越高。此外，企业要对员工权责划分做到清晰明了、实时更新，以防员工越级查询本没有权限获取的数据，使数据安全得到进一步保障。除此之外，企业还要提升企业员工信息化水平，通过定期培训提升员工对云会计产品的熟练度，定期对云会计产品的操作手册进行完善，以便员工学习。

5.1.5 小结

本部分采用层次分析法和模糊综合评价法，基于政府监督视角，对中小微企业在“互联网+会计”背景下云会计资源共享安全水平进行了较为科学、合理、贴近实际的量化评价，据此企业可以更好地衡量云会计资源共享的安全性，云服务提供商可以更好地了解用户的需求且根据计算结果提出更为全面的管控建议。另外，本部分通过一系列的数据分析得出了云会计资源共享安全处于良好水平的结论，这说明云服务提供商自身专业水平还需要进一步提升，云平台还需要加快建设，使中小微企业建立起对云会计产品的信任。中小微企业也应当加强自身信息化建设，使云会计产品可以更好地服务于企业，促进企业发展。

5.2 基于客户企业视角的云会计资源共享风险评估

5.2.1 引言

在“互联网+”的时代背景下，“共享”一词带动了社会的发展，共享经济迅速走进大众视线。张娟（2018）表示，企业都亟须采用更为科学、适合当前经济形势的管理理念和模式，以适应日渐繁重的基础财务和业务的任务要求。付佳和唐宁玉（2008）认为，共享服务是将分布在不同业务活动中的相似性高、专业性强的活动从原来的业务活动中抽离出来，采用外包的形式，交给专门的部门运作，并交纳相应服务费用的组织变革模式。经济共享有利有弊，从资源的角度来讲，用量更少；从使用者的角度来讲，节约了他们的时间成本、资金成本，并给予了很大的便利；从资源供给者的角度来讲，这将带来经济利益流入；从社会分工来看，更能促进专业的人专注于专业的事。云会计资源共享也是伴随着共享经济产生的，现如今会计不再只起到一个记录的作用，更多的是企业利用会计信息做出决策。企业不得不抛弃传统的手工做账方式或者对现有财务软件进行更新替换，但企业雇用软件工程师为企业进行专用的财务软件开发需要耗费大量财力和精力，后续还需专业人员维护，对于实力不够雄厚的中小微企业来说比较困难，而云会计资源共享可以很好地解决此问题。但与此同时，云会计资源共享过程中出现的信息安全等问题也给中小微企业带来了困扰，如何进行云会计资源共享风险评估成为当前亟须解决的问题。

国内外学者对风险评估机制的研究分布在很多领域，如金融（投资、银行、基金）、供应链、财务、政府债务、企业内部控制以及产业集群等方面（罗春林和田歆，2015；贾君枝和陈瑞，2018），但云会计资源共享风险评估的研究较少。云平台的建立促进了云会计资源共享的发展，同时也带来了诸多风险。

基于客户企业的视角，在云会计资源共享模型下，考虑供应商提供的产品和服务及其与竞争对手的关系，结合资源存在的形式这一分类原则，在共享的背景下，特将云会计资源定义为以下四类：①数据，即供应商存储的客户企业的财务与业务等数据，以及供应商和客户企业存储在云平台上的其他类型的数据；②应用，即供应商为客户企业提供的云会计产品；③服务，即供应商为客户企业提供的有关业务与财务方面的咨询服务；④决策信息，即供应商本身与竞争对手进行共享的信息。

在共享的背景下，供应商、云平台以及客户企业之间的共享可通过图 5-2 所示的共享模型来表达，它包括需求方、媒介、资源池以及底层支撑四个部分。底层支撑由第三方平台组成，云会计资源供应商租用其服务器等；资源池由众多云会计资源供应商构成，资源池内部共享决策信息；媒介即云平台，是资源池与需求方的中间桥梁，供应商与客户企业在云平台注册后，供应商可在云平台上正常营业，客户企业通过在云平台上搜索供应商信息或者通过云平台为其匹配的供应商找到适合为自己企业服务的供应商；需求方则由众多客户企业构成。

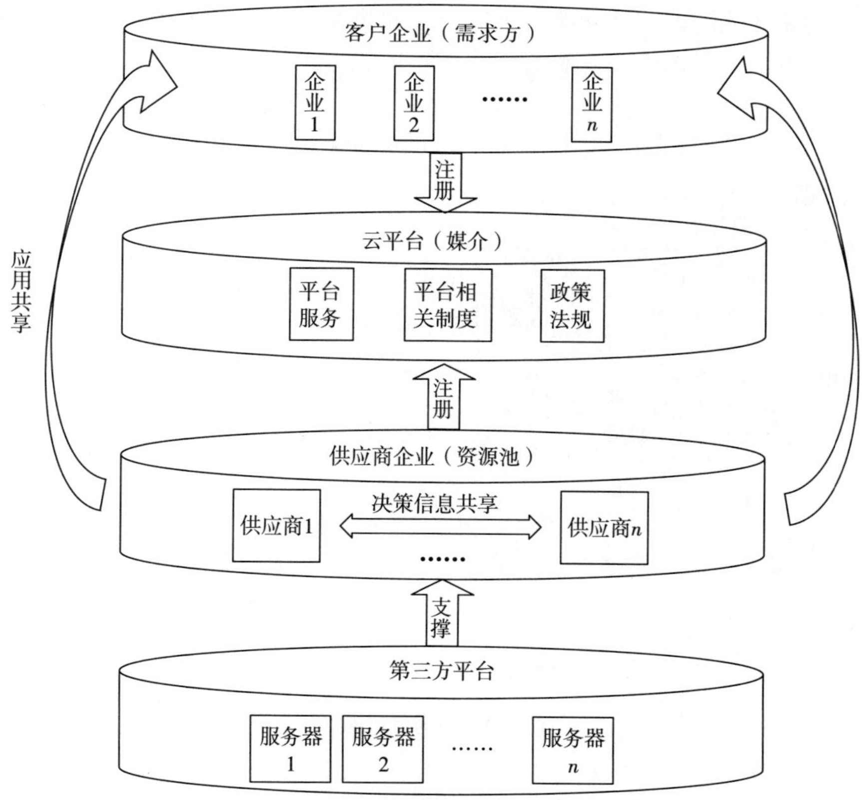

图 5-2　云会计资源共享模型

在资源池中，供应商之间会进行决策信息的相互共享；应用与服务的共享是供应商与客户企业之间的单向共享，由供应商提供应用与服务供客户企业使用。

5.2.2 指标体系的构建

在建立风险评价指标体系之前，需通过深入分析云会计资源的特点得出具体的风险指标。云会计资源共享的最终目标是为客户企业提供服务，因此，还需基于客户企业的视角来构建风险指标体系。作为客户企业，首先考虑的是供应商提供的产品；客户企业会与供应商建立长期联系，供应商将会不断地提供服务；此外，客户企业的业务数据、财务数据存放于第三方平台，部分基本信息存放于云平台，数据保密性对于客户企业来说也是存在的一个风险点。供应商的目标就是为客户企业提供产品和服务并最终获得收益，而客户企业可向不同的供应商进行业务咨询，在同等效用的情况下，客户企业花费的金额、获得的产品与服务是否在能接受的差异范围内，可反映出供应商之间决策信息的共享程度如何。在此，使用因果分析图（见图 5-3）对云会计资源共享进行风险识别分析。

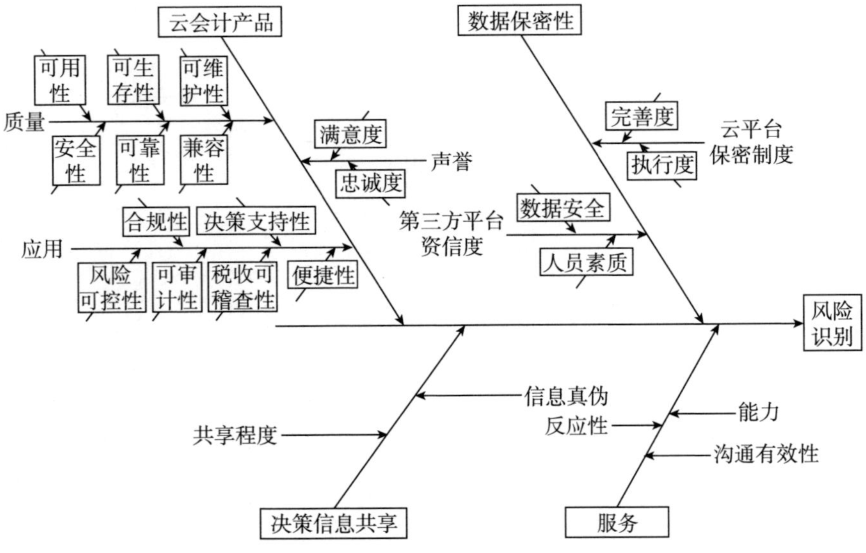

图 5-3 因果分析图

因果分析图基于客户企业的角度，与云会计资源相结合，从数据保密性、云会计产品、服务、决策信息共享四大方面建立风险评价指标体系。部分指标的选取及简析引用了程平和李宁（2014）的云会计产品可信性评价指标。具体的评价指标体系如表 5-12 所示。

表 5-12 云会计资源共享风险评价指标

一级指标	二级指标	三级指标	末级指标简析
数据保密性（P_1）	第三方平台资信度（P_{11}）	数据安全（P_{111}）	信息的保密性，具体从数据加密管理以及链路的传输安全考虑
		人员素质（P_{112}）	第三方平台对用户信息保密的职业操守
	云平台保密制度（P_{12}）	完善度（P_{121}）	云平台保密制度是否完善
		执行度（P_{122}）	云平台执行保密制度的程度
云会计产品（P_2）	质量（P_{21}）	可用性（P_{211}）	云会计产品实现企业常规业务处理、管理控制功能的可信程度（程平和李宁，2014）
		可生存性（P_{212}）	在出现系统故障、人为错误操作、外部恶意攻击等情况时，云会计产品自身采取特定策略恢复正常运转的能力（程平和李宁，2014）
		可维护性（P_{213}）	维护人员识别、应对潜在或已发生的系统风险，介入无法自动恢复的故障使云会计产品恢复正常并将损失降至最小的能力，以及云端的服务及时更新升级的难易程度（程平和李宁，2014）
		安全性（P_{214}）	云会计产品保障传输、处理、存储的数据不被盗用截取和未授权篡改的能力（程平和李宁，2014）
		可靠性（P_{215}）	云会计产品无故障稳定运行的能力（程平和李宁，2014）
		兼容性（P_{216}）	云会计产品在若干个操作系统之中，不会出现意外退出、保持稳定工作的能力
	应用（P_{22}）	合规性（P_{221}）	云会计产品遵守企业财务处理、业务处理、管理控制中相关会计法律法规、规章制度以及会计信息化领域的相关法律法规（程平和李宁，2014）
		决策支持性（P_{222}）	云会计产品通过与内外部信息系统的协同、整合、汇总，提炼有价值的信息，实现辅助决策功能（程平和李宁，2014）
		风险可控性（P_{223}）	云会计产品通过与内外部信息系统的协同、整合、汇总，提炼有价值的信息，实现风险防控功能（程平和李宁，2014）
		可审计性（P_{224}）	云会计产品输出的信息应当满足内部审计和外部审计的要求（程平和李宁，2014）
		税收可稽查性（P_{225}）	云会计产品输出的信息应当满足税收稽查的要求（程平和李宁，2014）
		便捷性（P_{226}）	云会计产品在确保各项性能稳定运行的前提下，应更好地满足用户体验
	声誉（P_{23}）	满意度（P_{231}）	客户企业对云会计产品的满意程度
		忠诚度（P_{232}）	合约到期后，客户企业是否会再次购买云会计产品

续表

一级指标	二级指标	三级指标	末级指标简析
服务（P_3）	沟通有效性（P_{31}）		云会计资源供给方与客户企业沟通，是否真正了解企业的需求，是否使用客户企业能够理解的语言向他们传递信息
	能力（P_{32}）		云会计资源供应商是否拥有执行服务所需要的技能和知识
	反应性（P_{33}）		云会计资源供应商是否具有帮助客户企业和提供迅速服务的意愿
决策信息共享（P_4）	共享程度（P_{41}）		云会计资源供应商自身共享决策信息的程度
	信息真伪（P_{42}）		竞争对手提供的决策信息的真伪性或者提供的决策信息是否及时

5.2.3 算法设计

由表 5-13 可知，云会计资源共享风险评价指标体系共分为三级。风险指标评估是由客户企业相关人员通过填写调查问卷的方式获得，进行风险评估时，评估人员对指标的认识具有局限性，多采用模糊语言，因此评估往往是模糊的。由于证据理论能够很好地处理不确定信息的合成问题（尤天慧等，2006），且广泛应用于风险等级评估中，因而 Liu 等（2018）认为证据理论为表达不精确和不确定信息提供了有效的框架。Zhang 等（2018）指出，证据合成被广泛应用于解决多属性决策分析问题，如商业绩效评估、航行风险评估以及桥梁状态评估等。因此，本书采用证据理论对云会计资源共享风险指标的评估进行合成。证据理论具体包括以下几个方面：

辨识框：在证据理论中，任意证据均可用一个非空有限集合 $\Theta=\{A_1, A_2, \cdots, A_n\}$ 来表示，即该证据所支持的命题可用 Θ 的子集来表示，则称 Θ 为辨识框，2^{Θ} 称为 Θ 的幂集，其元素个数为 2^n。

基本可信任度分配：给定一个辨识框 Θ，如果集函数 m：$2^{\Theta}\rightarrow[0, 1]$ 满足下列条件：

$$\begin{cases}\sum\limits_{A\subseteq\Theta} m(A)=1\\ m(\varnothing)=0\end{cases}\tag{5-28}$$

则称 m（也称 mass 函数）为辨识框 Θ 上的基本可信度分配函数或基本概率指派函数，m（A）为命题 A 的基本可信度。若 Θ 中子集 A 满足 m（A），则称 A 为焦元。

证据理论合成规则：

$$m(A)=\begin{cases}\dfrac{\sum\limits_{\bigcap\limits_{i=1}^{k}A_i=A,\ A_i\subset\Theta} m_1(A_1),\ m_2(A_2),\ \cdots,\ m_k(A_k)}{1-K}, & A\neq\varnothing\\ 0, & A=\varnothing\end{cases} \tag{5-29}$$

式中：$K=\sum\limits_{\bigcap\limits_{i=1}^{k}A_i=\phi,\ A_i\subset\Theta} m_1(A_1),\ m_2(A_2),\ \cdots,\ m_k(A_k)$，$K$ 为归一化因子，并且满足 $0\leqslant K\leqslant 1$。如果所有交集都为空集，则为证据不能组合或证据矛盾。

云会计资源共享风险评估方法和步骤如下。

步骤 1： 将模糊语言定量化。设 U=｛肯定，很可能，大致可能，可能，大致不可能，不可能，绝对不可能｝为模糊评价语言集定义。用 7 个类来充分表达各模糊词语，其定义为：

$$\mu_{qi}=\begin{cases}0,\ q-i>1\\ 0.25,\ q-i=1,\ q<4\\ 0.5,\ q-i=l,\ q=4\\ 0.75,\ q-i=1,\ q>4\\ 1,\ q=i\\ 0.75,\ i-q=1,\ q<4\\ 0.5,\ i-q=1,\ q=4\\ 0.25,\ i-q=1,\ q>4\\ 0,\ i-q>1\end{cases}\quad (q,\ i=1,\ 2,\ \cdots,\ 7) \tag{5-30}$$

式中：μ_{qi} 为模糊词语集 U 中第 q 个模糊词语的第 i 个类的隶属度值。

因为云会计资源共享风险高低的辨识框架 Θ = ｛高（A_1），中（A_2），低（A_3）｝将作为对评估结果的表达，因而将模糊语言反映到辨识框架上。同样需要 7 个类对 Θ 中的每个等级进行定义，具体定义如下：

$$\mu_i(A_k)=\begin{cases}\mu_{1i},\ k=1\\ \mu_{4i},\ k=2\\ \mu_{7i},\ k=3\end{cases}\quad (i=1,\ 2,\ \cdots,\ 7) \tag{5-31}$$

式中：$\mu_i(A_k)$ 为辨识框 Θ 中第 k 等级 A_k 的第 i 个类的隶属度值。

步骤 2： 确定评估人员 E_j 的模糊评语到 Θ 中第 k 个等级 A_k 的隶属度函数。评估人员 E_j 的模糊评语到 Θ 中第 k 个等级 A_k 的隶属度函数可由式（5-32）求得：

$$\mu_j^*(A_k)=\frac{\sum_{i=1}^{7}[\mu_{qi}\wedge\mu_i(A_k)]}{\sum_{i=1}^{7}[\mu_{qi}\vee\mu_i(A_k)]}\quad(k=1,\ 2,\ 3;\ q=1,\ 2,\ \cdots,\ 7)\tag{5-32}$$

式中：$\wedge$→min 运算，$\vee$→max 运算。由于所得数据不满足数据分析的要求，特引入对数 Logistic 模式对所得数据进行数据预处理：

$$x'=1/[1+e^{-x}]\tag{5-33}$$

由于式（5-32）中各模糊词语的定义不具排他性，可能有 $\sum_{k=1}^{3}u_j^*(A_k)\neq 1$，导致利用式（5-33）处理后的数据之和也不为 1，因此将利用式（5-33）处理后的数据做归一化处理，具体如下：

$$\mu_j(A_k)=\frac{\mu_j^*(A_k)}{\sum_{k=1}^{3}\mu_j^*(A_k)}\quad(k=1,\ 2,\ 3;\ j=1,\ 2,\ \cdots,\ m)\tag{5-34}$$

式中：$\mu_j(A_k)(k=1,\ 2,\ 3)$为评估人员 E_j 对风险的评估意见属于高、中、低各个等级的程度，记为 $T_j=\{\mu_j(A_1),\ \mu_j(A_2),\ \mu_j(A_3)\}$。

步骤 3：确定评估人员的信任度。$E=\{E_1,\ E_2,\ \cdots,\ E_m\}$表示 m 个评估人员的集合$(m\geqslant 2)$，$w=(w_1,\ w_2,\ \cdots,\ w_m)^{T}$表示评估人员的权重向量，其中，$w_j$ 为评估人员 E_j 的权重或重要程度，且满足 $\sum_{j=1}^{m}w_j=1$，$w_j\geqslant 0(j=1,\ 2,\ \cdots,\ m)$。

利用调查问卷对评估人员的岗位职级进行了调查，将岗位分为 f 个职级，向量形式表示为 $\boldsymbol{R}=\{R_1,\ R_2,\ \cdots,\ R_f\}$，其中，$R_h$ 为第 h 个岗位职级。首先，针对不同的岗位职级，最先给出关于岗位职级的信任度 $z=(z_1,\ z_2,\ \cdots,\ z_f)^{T}$，且满足 $\sum_{h=1}^{f}z_h=1$，$z_h\geqslant 0(h=1,\ 2,\ \cdots,\ f)$。其次，由于评估人员人数的不确定性以及岗位职级的不同，因而可能有 $\sum_{j=1}^{m}z_j\neq 1$，将其做归一化处理为：

$$w_j=\frac{z_j}{\sum_{j=1}^{m}z_j}\tag{5-35}$$

式中：w_j 为评估人员 E_j 的权重，记为 $w=\{w_1,\ w_2,\ \cdots,\ w_m\}$，且满足 $\sum_{j=1}^{m}w_j=1$，$w_j\geqslant 0(j=1,\ 2,\ \cdots,\ m)$。最后，假定在全体评估人员中，拥有最高权重的评估人员的评判结果最具可靠性，其他评估人员评判有误差的相对程度除与自身因素相关外，还与其同最高权威的知识的相对差异有关，那么评估人员 E_j 的相对可靠度可由式（5-36）给出：

$$\alpha_j=\lambda[1-(w_{\max}-w_j)] \quad (j=1, 2, \cdots, m) \tag{5-36}$$

式中，$w_{\max}=\max\limits_{1\leq j\leq m} w_j$；$\lambda$ 为评估人员经验以及偏好的系数，一般取 $0.9\leq\lambda\leq 1$。

步骤 4：修正评估人员 E_j 的评估意见。由于评估人员的评判结果不是完全可靠，因此需要对评估人员 E_j 的评估意见的隶属度进行降级处理，即：

$$T_j^*=\alpha_j T_j \tag{5-37}$$

其中，$\sum\limits_{k=1}^{3}\alpha_j\mu_j(A_k)\leq 1$，而 $1-\sum\limits_{k=1}^{3}\alpha_j\mu_j(A_k)$ 属于评估人员在评估过程中不知道的信息的集合，即论域。

步骤 5：构造 mass 函数。按照 mass 函数的定义，评估人员 E_j 对指标 P_l 评估意见的 mass 函数为：

$$m_j^{(P_l)}(A)=\begin{cases}\alpha_j^{(P_l)}\cdot\mu_j^{(P_l)}(A_1), & A=\{A_1\}\\ \alpha_j^{(P_l)}\cdot\mu_j^{(P_l)}(A_2), & A=\{A_2\}\\ \alpha_j^{(P_l)}\cdot\mu_j^{(P_l)}(A_3), & A=\{A_3\}\\ 1-\sum\limits_{k=1}^{3}\alpha_j^{(P_l)}\cdot\mu_j^{(P_l)}(A_k), & A=\Theta\end{cases} \tag{5-38}$$

记为向量形式，具体表示如下：

$$m_j^{(P_l)}=[m_j^{(P_l)}(A_1), m_j^{(P_l)}(A_2), m_j^{(P_l)}(A_3), m_j^{(P_l)}(\Theta)]^{\mathrm{T}} \quad (j=1, 2, \cdots, m; l=1, 2, \cdots, n) \tag{5-39}$$

由于不同评估人员对指标 P_l 的评估意见都有相对应的一个 mass 函数，利用合成公式（5-29）可对 m 个评估人员的评估意见进行综合，结果记为：

$$m^{(P_l)}=[m^{(P_l)}(A_1), m^{(P_l)}(A_2), m^{(P_l)}(A_3), m^{(P_l)}(\Theta)]^{\mathrm{T}} \tag{5-40}$$

式中：$m^{(P_l)}(A_k)$（$k=1, 2, 3$）为综合各个评估人员的意见后对指标 P_l 属于 A_k 等级的信任程度。

利用相同的方法，可对剩下的 $n-1$ 个指标进行综合，综合后对应 n 个指标的 mass 函数分别为 $m^{(P_1)}$，$m^{(P_2)}$，…，$m^{(P_n)}$。

步骤 6：修正 mass 函数。因为每个指标对方案目标的重要性不尽相同，现需要确定各指标在不同层级中的指标权重。设 $P=\{P_1, P_2, \cdots, P_n\}$ 为 n 个风险指标的集合($n\geq 2$)，$\delta=(\delta_1, \delta_2, \cdots, \delta_n)^{\mathrm{T}}$ 为指标的权重向量，其中，δ_l 为第 l 个指标在同级指标中所持有的权重，且满足 $\sum\limits_{l=1}^{n}\delta_l=1$，$\delta_l\geq 0(l=1, 2, \cdots, n)$。利用模

糊层次分析法中 Saaty 等（1994）提出的一致矩阵法，给出不同指标层级下每个指标的权重。模糊层析分析法利用三角模糊数生成判断矩阵，通过客观地分析，使结果更符合实际、更具客观性。将各层级中各个因素之间进行两两对比，如对因素 i 和因素 j 进行对比，根据表 5-13 确定判断矩阵元素 a_{ij}，从而确定判断矩阵，并对判断矩阵进行一致性检验。

表 5-13　比例标度表

因素 i 对比因素 j	量化值
同等重要	1
稍微重要	3
较强重要	5
强烈重要	7
极端重要	9
两相邻判断的中间值	2，4，6，8

首先，对一级指标进行评估。根据不同指标对云会计资源供应商风险预警系统的重要性得到一级指标判断（成对比较）矩阵为 $\begin{bmatrix} 1 & 1/5 & 1/3 & 3 \\ 5 & 1 & 3 & 5 \\ 3 & 1/3 & 1 & 3 \\ 1/3 & 1/5 & 1/3 & 1 \end{bmatrix}$，再取最大特征值 $\lambda=4.1981$，通过 $CI=\dfrac{\lambda-n}{n-1}$（$n$ 为矩阵阶数）计算得到 $CI=0.006$，查表得 $n=4$ 对应的 $RI=0.90$，$CR=CI/RI<0.1$，通过一致性检验，得到一级指标权重系数，如表 5-14 所示。

表 5-14　一级指标判断矩阵

指标	数据保密性	云会计产品	服务	决策信息共享	权重
数据保密性	1	1/5	1/3	3	0.129
云会计产品	5	1	3	5	0.549
服务	3	1/3	1	3	0.248
决策信息共享	1/3	1/5	1/3	1	0.074

其次，用相同的方法可分别得到二级指标和三级指标的判断矩阵与权重系数。最后，得出所有指标的权重系数，如表 5-15 所示。

表 5-15 指标权重

一级指标	权重	二级指标	权重	三级指标	权重
数据保密性（P_1）	0.129	第三方平台资信度（P_{11}）	0.667	数据安全（P_{111}）	0.875
				人员素质（P_{112}）	0.125
		云平台保密制度（P_{12}）	0.333	完善度（P_{121}）	0.333
				执行度（P_{122}）	0.667
云会计产品（P_2）	0.549	质量（P_{21}）	0.540	可用性（P_{211}）	0.249
				可生存性（P_{212}）	0.095
				可维护性（P_{213}）	0.075
				安全性（P_{214}）	0.249
				可靠性（P_{215}）	0.249
				兼容性（P_{216}）	0.083
		应用（P_{22}）	0.297	合规性（P_{221}）	0.327
				决策支持性（P_{222}）	0.188
				风险可控性（P_{223}）	0.188
				可审计性（P_{224}）	0.099
				税收可稽查性（P_{225}）	0.099
				便捷性（P_{226}）	0.099
		声誉（P_{23}）	0.163	满意度（P_{231}）	0.667
				忠诚度（P_{232}）	0.333
服务（P_3）	0.248	沟通有效性（P_{31}）	0.136		
		能力（P_{32}）	0.625		
		反应性（P_{33}）	0.239		
决策信息共享（P_4）	0.074	共享程度（P_{41}）	0.750		
		信息真伪（P_{42}）	0.250		

为了更好地突出各个指标对云会计资源共享风险预警机制的重要性差异，利用式（5-41）给出每个指标的相对重要程度。

$$\partial^{P_l}=\eta(\delta_l/\delta_{\max}) \quad (l=1,\ 2,\ \cdots,\ n) \qquad (5\text{-}41)$$

式中：$\delta_{\max}=\max\limits_{1\leqslant l\leqslant n}\delta_l$；$\eta$ 为对指标权重偏好的修正系数，与评估人员的经验以

及偏好有关，一般取 $0.9\leq\eta\leq1$。

对 mass 函数进行修正，具体如下：

$$m^{(P_l)^*}=\partial^{P_l}m^{(P_l)}\quad(l=1,\ 2,\ \cdots,\ n_{\circ})\tag{5-42}$$

利用式（5-42）对初始 mass 函数 $m^{(P_1)}$，$m^{(P_2)}$，…，$m^{(P_n)}$ 进行修正，得到修正后的 mass 函数 $m^{(P_1)^*}$，$m^{(P_2)^*}$，…，$m^{(P_n)^*}$，再次利用式(5-42)对 n 个 mass 函数进行合成，于是得到综合评估结果为 $m_F=[m_F(A_1),\ m_F(A_2),\ m_F(A_3)]$，从而确定云会计资源共享风险评估等级。

5.2.4 数据分析

在评估现有市场上的云会计资源共享风险等级时，利用表 5-1 确认风险因素，设计调查问卷。共发放调查问卷 260 份，回收有效问卷 216 份。利用一致矩阵法获得各个指标的权重，根据以往经验，取指标权重偏好的修正系数 $\eta=0.92$，取反映评估人员经验以及偏好的系数 $\lambda=0.92$；问卷调查报告将员工职级设为 4 个等级，对不同岗位职级进行信任度赋值，取 $z_1=0.1$，$z_2=0.25$，$z_3=0.3$，$z_4=0.35$，且满足 $\sum_{h=1}^{4}z_h=1$。根据上述算法计算问卷数据，利用 Python 3.6.5 对其进行计算，得出相应结果。

基于表 5-15 计算出指标的相对信任度，结果如表 5-16 所示。

按照云会计资源共享风险评估方法和步骤，以指标 P_{111} 为例，得出其合成结果为 $m^{P_{111}}=[0.0,\ 1.0,\ 0.0,\ 0.0]$，同理可得出其他指标的合成结果。在各指标进行合成前，对数据进行处理，再利用 $\mu_j(A_k)=\dfrac{\mu_j^*(A_k)}{\sum_{k=1}^{4}\mu_j^*(A_k)}$（假设 k 为 4 时表示论域）进行归一化处理，最后得到经过数据处理与归一化处理的 mass 函数。根据步骤 6，结合表 5-16，对 mass 函数进行修正，修正结果如表 5-17 所示。

最终得出的合成结果为：

$m_F=[0.0002$(高)，0.9995(中)，0.0002(低)，0.0001(论域)$]$

由此，根据问卷所得数据分析，基于客户企业的视角，云会计资源共享风险以 0.0002 的信任度属于“高”，表示云会计资源共享将以 0.02%的概率处于高危状态；以 0.9995 的信任度属于“中”，表示云会计资源共享将以 99.95%的概率处于中等级别风险；以 0.0002 的信任度属于“低”，表示云会计资源共享将以 0.02%的概率处于低风险状态，也就是说云会计资源共享状况良好；以 0.0001 的信任度属于“论域”，论域代表评估人员尚未知晓的信息，表示评估人员无法出具风险评估意见的概率为0.01%。综上，当前云会计资源共享风险等级为“中”。

表 5-16　指标信任度体系

一级指标	权重	二级指标	权重	三级指标	权重
数据保密性（P_1）	0.216	第三方平台资信度（P_{11}）	0.92	数据安全（P_{111}）	0.92
				人员素质（P_{112}）	0.131
		云平台保密制度（P_{12}）	0.459	完善度（P_{121}）	0.459
				执行度（P_{122}）	0.92
云会计产品（P_2）	0.92	质量（P_{21}）	0.92	可用性（P_{211}）	0.92
				可生存性（P_{212}）	0.351
				可维护性（P_{213}）	0.277
				安全性（P_{214}）	0.92
				可靠性（P_{215}）	0.92
				兼容性（P_{216}）	0.307
		应用（P_{22}）	0.506	合规性（P_{221}）	0.92
				决策支持性（P_{222}）	0.529
				风险可控性（P_{223}）	0.529
				可审计性（P_{224}）	0.279
				税收可稽查性（P_{225}）	0.279
				便捷性（P_{226}）	0.279
		声誉（P_{23}）	0.278	满意度（P_{231}）	0.92
				忠诚度（P_{232}）	0.459
服务（P_3）	0.416	沟通有效性（P_{31}）	0.2		
		能力（P_{32}）	0.92		
		反应性（P_{33}）	0.352		
决策信息共享（P_4）	0.124	共享程度（P_{41}）	0.92		
		信息真伪（P_{42}）	0.307		

表 5-17　mass 修正函数

一级指标	修正结果	二级指标	修正结果	三级指标	修正结果
数据保密性（P_1）	[0.0286，0.1304，0.0286，0.0285]	第三方平台资信度（P_{11}）	[0.179，0.3828，0.179，0.1791]	数据安全（P_{111}）	[0.2062，0.3015，0.2062，0.2062]
				人员素质（P_{112}）	[0.0688，0.1006，0.0688，0.0688]
		云平台保密制度（P_{12}）	[0.0894，0.1909，0.0894，0.0893]	完善度（P_{121}）	[0.1029，0.1504，0.1029，0.1029]
				执行度（P_{122}）	[0.2062，0.3015，0.2062，0.2062]
云会计产品（P_2）	[0.0044，0.9067，0.0044，0.0045]	质量（P_{21}）	[0.072，0.7038，0.072，0.0721]	可用性（P_{211}）	[0.2062，0.3015，0.2062，0.2062]
				可生存性（P_{212}）	[0.0787，0.115，0.0787，0.0787]
				可维护性（P_{213}）	[0.0621，0.0908，0.0621，0.0621]
				安全性（P_{214}）	[0.2062，0.3015，0.2062，0.2062]
				可靠性（P_{215}）	[0.2062，0.3015，0.2062，0.2062]
				兼容性（P_{216}）	[0.0688，0.1006，0.0688，0.0688]
		应用（P_{22}）	[0.0396，0.3873，0.0396，0.0395]	合规性（P_{221}）	[0.2062，0.3015，0.2062，0.2062]
				决策支持性（P_{222}）	[0.1185，0.1734，0.1185，0.1185]
				风险可控性（P_{223}）	[0.1185，0.1734，0.1185，0.1185]
				可审计性（P_{224}）	[0.0625，0.0914，0.0625，0.0625] [0.0625，0.0914，0.0625，0.0625]
				税收可稽查性（P_{225}）	[0.0625，0.0914，0.0625，0.0625]
				便捷性（P_{226}）	[0.0625，0.0914，0.0625，0.0625]

续表

一级指标	修正结果	二级指标	修正结果	三级指标	修正结果
云会计产品（P_2）	[0.0044，0.9067，0.0044，0.0045]	声誉（P_{23}）	[0.0541，0.1156，0.0541，0.0541]	满意度（P_{231}）	[0.2062，0.3015，0.2062，0.2062]
				忠诚度（P_{232}）	[0.1029，0.1504，0.1029，0.1029]
服务（P_3）	[0.0679，0.2123，0.0679，0.0679]	沟通有效性（P_{31}）	[0.0448，0.0655，0.0448，0.0448]		
		能力（P_{32}）	[0.2062，0.3015，0.2062，0.2062]		
		反应性（P_{33}）	[0.0789，0.1154，0.0789，0.0789]		
决策信息共享（P_4）	[0.0241，0.0516，0.0241，0.0241]	共享程度（P_{41}）	[0.2062，0.3015，0.2062，0.2062]		
		信息真伪（P_{42}）	[0.0688，0.1006，0.0688，0.0688]		

由上述可知，最末级各指标的合成情况普遍以相对较高的信任度集中在风险等级“中”，再经过各指标之间的合成，最后测算出云会计资源共享风险等级为“中”。这说明在整个云会计资源共享中，数据保密性、云会计产品、服务以及决策信息共享四方面存在不完善的地方。

（1）在数据保密性方面，云平台以及第三方平台的保密制度不够完善，执行力度不够，第三方平台的服务器等硬件设备和预防网络攻击的设置尚不能满足数据保密性的要求。

（2）在云会计产品方面，产品自身的功能有所欠缺，还需花费人力对产品进行维护并且有一定的难度，产品所包含的数据的可使用性还亟须加强，客户企业对现有云会计产品的满意度较低。

（3）在服务方面，供应商工作人员的工作能力还需不断提升，工作人员在与客户企业沟通时，不能完全理解客户企业的需求，也不能完全用客户企业所能理解的通俗语言解释云会计产品和服务所涉及的专业知识以及其他生涩难懂的信息。

（4）在决策信息共享方面，由于所提供的服务、产品质量以及制定的价格存在显著差异，没能统一为客户企业提供优质的服务与产品，给客户企业造成极大的困扰，表明供应商之间未能实现良好的决策信息共享。

5.2.5 对策与建议

通过分析，给出了以下相关对策建议。

5.2.5.1 供应商方面

为使得云会计资源供应商提供更优质的产品与服务，基于数据保密性、云会计产品、服务以及决策信息共享提出优化建议。

（1）加强对第三方平台以及云平台的监督。第三方平台为云会计资源供应商提供服务器等资源供其使用，云会计资源供应商将客户企业的数据资料存放于所租用的服务器中，并在云平台上注册运营，第三方平台和云平台有义务对客户企业和云会计资源供应商的数据资料进行保密，但服务器的更新换代是否及时、保密制度是否完善、执行程度是否满足数据保密的要求，都需要持续不断地监督，以督促第三方平台和云平台对硬件不断升级和对保密制度不断完善。

（2）不断优化产品。根据一级指标权重分布可以看出，云会计产品所占份额最大，即在四方面的风险中，产品对云会计资源共享风险的影响是最大的，供应商应根据质量、应用和声誉等方面的下级指标不断对云会计产品进行优化。从产品质量上提升其稳定运行、自我维护等能力；法律法规在不断地修订，产品也应适当做出调整优化，以满足合法性与合规性；当下同质产品众多，一旦产品声誉出现问题，客户企业很容易更换产品，从而流失现有客户与潜在客户，供应商应对产品的声誉给予足够的重视，不断提升客户企业的满意度，增加客户黏性。

（3）提供更优质的服务。服务作为供应商软实力的体现，是供应商优化的重要标的之一。服务由工作人员提供，应从工作能力、人际沟通能力和综合素质等方面定期对工作人员进行考核；根据不同的考核结果对工作人员进行不同层次的培训；不断培养及时为客户企业提供服务的意识。

（4）加强对决策信息共享的监督。与竞争对手之间进行决策信息共享，是为了获取更大利益，但是决策信息共享过度以及竞争对手提供的虚假信息会使供应商自身的利益受到相应的损失，供应商应派专人负责相关决策信息分析及共享，必要时可召集竞争对手签订与决策信息共享有关的协议，形成目标一致的利益联盟，规范提供决策信息的标准，有效约束竞争对手的行为。

5.2.5.2 客户企业方面

（1）数据保密性。客户企业的数据可反映出企业自身的运营状况以及企业规模等信息，信息的泄露可导致客户企业陷入重大危机，所以客户企业在选择云会计资源供应商时，应关注供应商内部数据保密制度的制定以及执行情况；另外，也应关注供应商所租用的服务器等硬件设备以及第三方平台，了解硬件设备是否能满足客户企业的业务需求，了解第三方平台对硬件设备的管理是否能够达到数据保密的要求。

（2）云会计产品。客户企业选择供应商最重要的目的是为企业挑选适合自身使用、功能完善并且可进行合法合规操作的云会计产品。现阶段，应从云会计产品的质量、应用、声誉等方面对其进行评价，可通过与供应商协商约定一定时效的产品试用期，委派专业人员测试其运行的正确性、合规性，网上搜查资料、业界评价以及其他客户企业的评价等方式来衡量云会计产品的声誉。

（3）服务。客户企业在选择供应商时，供应商提供的服务也应是考虑的因素之一。首先，客户企业可提前与供应商进行沟通交流，了解供应商工作人员的专业能力；其次，要考虑供应商能否完全理解客户企业的需求，能否用通俗的语言向客户企业传达有关产品和其他信息；最后，要考虑供应商能否及时回答客户企业的问题并满足客户企业的需求。

5.2.6 小结

本部分基于客户企业的视角，对共享的云会计资源进行了定义，给出了云会计资源共享模型，构建了风险指标评价体系，运用一致矩阵法测算出指标权重；根据风险指标体系表设置了调查问卷，利用回收的调查问卷，采用基于证据理论的云会计资源共享风险评估方法对风险指标进行了测算与合成，最后得出相应的评估结果；根据评估结果进一步分析了原因，为供应商提供了有针对性的优化措施，为客户企业在选择供应商时提供了可供借鉴的建议。

5.3 基于供应商视角的云会计资源共享风险评估

5.3.1 引言

“互联网+”时代的到来与计算机技术的高速发展加速了经济的发展，现存的自然资源已无法承担日益增加的资源消耗（Schneider et al.，2019），其他资源也面临着相同难题，各行业着手采取相应的应对措施以维持经济的正常且高效运转，如合理地管理信息科技资源可以提升公司的财务绩效（Turel et al.，2019）和商业价值（Louis et al.，2019）；以可持续发展为导向，人力资源可以促进知识共享（Lucía et al.，2019）。信息科技资源作为当今资源中不可或缺的一部分，使得众多企业从中受益，在审计领域中，信息科技资源对审计质量的提升大有助益（Bills et al.，2018）。通过 Twitter 等社交媒体获取信息、数据等资源（Cwynar et al.，2019），大力推进系统的共享，可带来诸多益处，例如：信息系统共享可提供员工的创造力（Li et al.，2018），也可为企业提供新的运营模式。企业为谋求自身内部更好的发展，不得不重新改变以往的运营模式或进行转型，因而需配备、更换或改进现有的管理系统。但对于中小微企业而言，很难拥有足够资金、人才和时间等资源开发符合自身需求的管理系统或寻找第三方专业团队为其开发专用管理系统，云会计资源供应商提供的云会计资源能很好地解决成本问题，因此众多中小微企业偏向寻求云会计共享系统来解决此方面的需求。然而，系统始终存在着诸多风险因素，例如：区块链系统面临的网络安全问题（Canelón et al.，2019）、基于注册的系统编辑过程问题（Bloomfield et al.，2018），以及平台的监管问题（Cascino et al.，2019）。此外，供应商内部控制质量还会影响自身业绩（Bauer et al.，2018）。为促使云会计资源共享更好地发展，从供应商的角度，对供应商所面临的风险进行识别和评估。

证据理论于 1967 年由 Dempster 首次提出，后由他的学生 Shafer 于 1976 年进行了改进与完善。因众多问题的不断提出和精准决策的需要，证据推理不断被改进和完善，例如：将证据的权重和可靠性考虑进来（Du et al.，2018），1922 年意大利经济学家基尼提出了基尼系数（Van Mierlo et al.，2016）。在证据融合中，证据的权重取值对最后决策是至关重要的一步，以往权重的判定，证据与证据之间的差异较大，难以实现公平，而基尼系数很好地解决了这一问题。

综上，本部分基于基尼系数的证据理论算法从供应商的视角对云会计资源的风险进行评估。

5.3.2 指标体系构建

风险识别是风险评价的基础，云会计资源供应商风险识别是其风险评价中必不可少的环节。为更清晰识别风险因素，特引入鱼骨图（又名因果分析图）对其进行表示。基于供应商视角的云会计资源风险识别鱼骨图如图 5-4 所示。

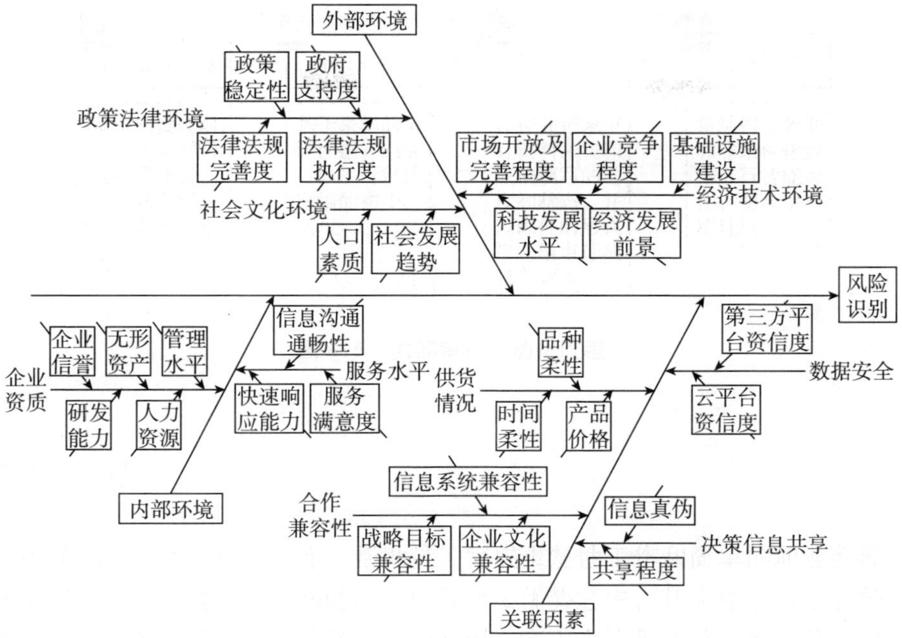

图 5-4　基于供应商视角的云会计资源风险识别鱼骨图

基于供应商视角的云会计资源共享风险指标如表 5-18 所示。

指标的具体含义如下：

外部环境（P_1）：主要是对企业经营环境的评估。

政策法律环境（P_{11}）：政策和法律方面的因素关系到营业环境安全性的问题，主要从政策稳定性、政府支持度、法律法规完善度以及法律法规执行度等方面进行考察。

政策稳定性（P_{111}）：政策稳定性对云会计营商环境的影响，可从国家政策制度、国家政策权利的主体、国家政策和法律法规以及社会秩序的相对稳定性等几方面进行衡量。

政府支持度（P_{112}）：政府对该产业的支持和认可程度，可大致从政府对该产业的优惠政策方面进行衡量。

法律法规完善度（P_{113}）：国家对该产业相关法律法规编写与修订的完善程度。

法律法规执行度（P_{114}）：对该产业相关法律的执行程度。

社会文化环境（P_{12}）：社会文化在无形中影响着企业的行为与决策，可以从社会发展趋势和人口素质方面进行考察。

表 5-18 基于供应商视角的云会计资源共享风险评估指标体系

一级指标	二级指标	三级指标
外部环境（P_1）	政策法律环境（P_{11}）	政策稳定性（P_{111}）
		政府支持度（P_{112}）
		法律法规完善度（P_{113}）
		法律法规执行度（P_{114}）
	社会文化环境（P_{12}）	社会发展趋势（P_{121}）
		人口素质（P_{122}）
	经济技术环境（P_{13}）	市场开放及完善程度（P_{131}）
		企业竞争程度（P_{132}）
		基础设施建设（P_{133}）
		科技发展水平（P_{134}）
		经济发展前景（P_{135}）
内部环境（P_2）	企业资质（P_{21}）	人力资源（P_{211}）
		研发能力（P_{212}）
		管理水平（P_{213}）
		无形资产（P_{214}）
		企业信誉（P_{215}）
	服务水平（P_{22}）	快速响应能力（P_{221}）
		服务满意度（P_{222}）
		信息沟通通畅性（P_{223}）
关联因素（P_3）	合作兼容性（P_{31}）	企业文化兼容性（P_{311}）
		战略目标兼容性（P_{312}）
		信息系统兼容性（P_{313}）
	供货情况（P_{32}）	产品价格（P_{321}）
		时间柔性（P_{322}）
		品种柔性（P_{323}）
	数据安全（P_{33}）	第三方平台资信度（P_{331}）
		云平台资信度（P_{332}）
	决策信息共享（P_{34}）	共享程度（P_{341}）
		信息真伪（P_{342}）

社会发展趋势（P_{121}）：指社会发展的方向，可以从企业对产品和服务的需求变化方面进行考察。

人口素质（P_{122}）：主要从人口的教育水平这一方面进行衡量。

经济技术环境（P_{13}）：一个国家或地区的经济发展水平制约着供应商本身的发展，可主要从市场开放及完善程度、企业竞争程度、基础设施建设、科技发展水平、经济发展前景等方面进行考察。

市场开放及完善程度（P_{131}）：可以从消费者进入市场的难易程度以及与进入市场、交易过程以及退出市场三个流程相关的制度规定及执行的完善程度方面进行考察。

企业竞争程度（P_{132}）：指在该产业中企业相互之间的竞争程度，可以从该产业中企业的数量以及产品价格等方面进行考察。

基础设施建设（P_{133}）：指网络、计算机、服务器等设施的配备情况。

科技发展水平（P_{134}）：指发现或发明事物之间的联系，将各种物质通过这种联系组成特定的系统来实现特定功能的水平。

经济发展前景（P_{135}）：通过系列数据分析与主观判断，预测未来总体经济发展。

内部环境（P_{2}）：主要从企业资质与服务水平两个方面进行评估。

企业资质（P_{21}）：主要从人力资源、研发能力、管理水平、无形资产、企业信誉等方面进行考察。

人力资源（P_{211}）：主要从人员整体素质（学历构成）、技术开发人员比重、人员培训时间、培训费用等方面进行考察。

研发能力（P_{212}）：供应商的研发能力是供应链创新的原动力，可从科研费用投入、新产品开发周期及成功率、新产品的销售、发明专利申请数量等方面进行衡量。

管理水平（P_{213}）：主要从供应商的质量管理水平、成本控制水平两个角度进行考察。质量管理水平主要考察质量保障体系运行情况，成本控制水平依据投入产出原理分析成本的有效性。

无形资产（P_{214}）：主要考察供应商的商标价值、商誉、技术秘密等方面。

企业信誉（P_{215}）：企业的信誉问题是企业长远发展的大问题，主要从合同执行率、合作历史情况、外界满意度、企业道德水准、还贷信誉等方面进行考察。

服务水平（P_{22}）：主要通过快速响应能力、服务满意度以及信息沟通通畅性来描述。

快速响应能力（P_{221}）：基本前提是准确性，主要从快速决策能力、信息集成水平、应变能力、整体协作水平、满足个性化需求的能力等方面进行考察。

服务满意度（P_{222}）：主要从供应商服务态度、服务内容及标准、服务响应时间以及售后服务质量等方面进行考察。

信息沟通通畅性（P_{223}）：良好的沟通是合作成功的前提，可以通过信息通信与交流能力、信息发布状况、信息共享水平、信息反馈能力、信息处理等方面来描述。

关联因素（P_3）：指除供应商外部环境和内部环境之外的、与供应商有直接或者间接联系的、在一定程度上能给供应商带来风险的其他因素。

合作兼容性（P_{31}）：主要指供应商与客户企业之间的合作。

企业文化兼容性（P_{311}）：企业之间文化的相近程度。

战略目标兼容性（P_{312}）：战略目标同步有利于企业间的协调发展。

信息系统兼容性（P_{313}）：信息合作与交换是取得双赢的关键。信息系统的兼容程度关系着信息传递速度、传递准确性等方面。具体是指信息内容、载体形式、传递渠道、存储媒介、处理方式等的兼容。

供货情况（P_{32}）：主要从产品价格、时间柔性以及品种柔性三方面进行考量，客户企业对这三方面的可接受度和满意度十分重要。

产品价格（P_{321}）：是指购买每一单位产品所需付出的成本。

时间柔性（P_{322}）：指供应商在满足客户需求的前提下，在时间方面的灵活变更能力。

品种柔性（P_{323}）：指供应商所提供的产品在品种方面的变更能力。

数据安全（P_{33}）：主要从数据的完整性、可用性和保密性三个角度进行考察。在实际应用中，其与第三方平台资信度和云平台资信度有密切联系。

第三方平台资信度（P_{331}）：主要从第三方平台租用支持云平台运行的服务器等基础设施的质量以及客户企业的各种数据保存的安全性两方面进行考察。

云平台资信度（P_{332}）：云平台促使供应商与客户企业交易的达成，云平台有责任建立并执行数据安全制度以保障供应商与客户企业的数据安全。

决策信息共享（P_{34}）：供应商自身为扩大竞争优势，与竞争对手之间共享决策信息。

共享程度（P_{341}）：供应商自身决策信息共享的程度。

信息真伪（P_{342}）：竞争对手共享决策信息的真伪以及时效性。

5.3.3 算法设计

在对各供应商从所处外部环境、内部自身状况和关联因素三个方面进行风险分析与评价时，由于专家的理解层次不同，评价多具有模糊性与不确定性，因此针对不同的指标为每位专家赋予不同的权重。基于 Swanson（2012）和甘早斌等

（2005）的方法构建了新的评估方法进行处理。

步骤1：将模糊评估语言定量化。将模糊词语集设为：U=｛肯定，很可能，大致可能，可能，大致不可能，不可能，绝对不可能｝，为充分量化和表达这七类模糊词语，将其定义为：

$$\mu_{qi}=\begin{cases}0, & q-i>1\\ 0.25, & q-i=1, q<4\\ 0.5, & q-i=1, q=4\\ 0.75, & q-i=1, q>4\\ 1, & q=i\\ 0.75, & i-q=1, q<4\\ 0.5, & i-q=1, q=4\\ 0.25, & i-q=1, q>4\\ 0, & i-q>1\end{cases}\quad (q, i=1, 2, \cdots, 7) \tag{5-43}$$

式中：μ_{qi} 为模糊词语集 U 中第 q 个模糊词语的第 i 个类的隶属度值。

风险识别框架 Θ= ｛高（A_1），中（A_2），低（A_3）｝ 作为评估结果的表达，为了将前面的模糊语言反映到风险识别框上，同样需要七个类对 Θ 中的每个等级进行定义，具体定义为：

$$\mu_i(A_k)=\begin{cases}\mu_{1i}, & k=1\\ \mu_{4i}, & k=2\\ \mu_{7i}, & k=3\end{cases}\quad (i=1, 2, \cdots, 7) \tag{5-44}$$

式中：$\mu_i(A_k)$表示辨识框 Θ 中第 k 个等级 A_k 的第 i 个类的隶属度值。

步骤2：确定评估人员 E_a 的模糊评估语言到 Θ 中第 k 个等级 A_k 的隶属度函数。可由式（5-45）求得：

$$\mu_a^*(A_k)=\frac{\sum_{i=1}^{7}[\mu_{qi}\wedge\mu_i(A_k)]}{\sum_{i=1}^{7}[\mu_{qi}\vee\mu_i(A_k)]}\quad (k=1, 2, 3; q=1, 2, \cdots, 7) \tag{5-45}$$

式中：∧→min 运算，∨→max 运算。式（5-45）中各模糊词语的定义不具有排他性，可能有 $\sum_{k=1}^{3} u_a^*(A_k)\neq 1$，将其做归一化处理：

$$\mu_a(A_k)=\frac{\mu_a^*(A_k)}{\sum_{k=1}^{3}\mu_a^*(A_k)}\quad (k=1, 2, 3; a=1, 2, \cdots, n) \tag{5-46}$$

结果记为 $T_a=\{\mu_a(A_1), \mu_a(A_2), \mu_a(A_3)\}$。

$$\mu'_a(A_k)=1/[1+e^{-\mu_a(A_k)}] \tag{5-47}$$

因测算评估人员的最优权重与评估人员 E_a 对风险的评估意见所属等级（高、中、低等级）高度相关，特引入对数 Logistic 模式，利用式（5-47）对 $T_a=\{\mu_a(A_1), \mu_a(A_2), \mu_a(A_3)\}$ 做平滑处理。

公式中的数据处理方法不具有排他性，可能有 $\sum_{k=1}^{3} u'_a(A_k)\neq 1$，将其做归一化处理：

$$\mu''_a(A_k)=\frac{\mu'_a(A_k)}{\sum_{k=1}^{3}\mu'_a(A_k)} \quad (k=1,2,3;\ a=1,2,\cdots,n) \tag{5-48}$$

处理后的结果记为 $T''_a=\{\mu''_a(A_1), \mu''_a(A_2), \mu'''_a(A_3)\}$，这时，$\mu''_a(A_k)(k=1, 2, 3)$ 仍反映了评估人员 E_a 对风险的评估意见属于高、中、低各个等级的程度。

步骤 3：确定不同指标下各评估人员的权重分配。首先，将权重平均分配给每位评估人员，使其满足 $\sum_{a=1}^{N} w'_a=1$，w'_1，$w'_2\cdots$，$w'_N=\frac{1}{N}>0$（N 为评估人员数量）；其次，使用权重分配优化模型缩小各评估人员权重分配的差异，使得权重分配更加公平合理，具体优化模型如下：

$$\min \frac{1}{2N}\sum_{a=1}^{N}\sum_{b=1}^{N}\sum_{j=1}^{|\Theta|}(\mu''_{aj}-\mu''_{bj}\times w_a)^2$$

$$\text{s.t.}\begin{cases}\max_{a\in\{1,2,\cdots,N\}}\left\{\sum_{b=1}^{N}\sum_{j=1}^{|\Theta|}(\mu''_{aj}-\mu''_{bj}\times w_a)^2\right\}-\\ \min_{a\in(1,2,\cdots,N)}\left\{\sum_{b=1}^{N}\sum_{j=1}^{|\Theta|}(\mu''_{aj}-\mu''_{bj}\times w_a)^2\right\}\leqslant\\ \max_{a\in\{1,2,\cdots,N\}}\left\{\sum_{b=1}^{N}\sum_{j=1}^{|\Theta|}(\mu''_{aj}-\mu''_{bj}\times w'_a)^2\right\}-\\ \min_{a\in(1,2,\cdots,N)}\left\{\sum_{b=1}^{N}\sum_{j=1}^{|\Theta|}(\mu''_{aj}-\mu''_{bj}\times w'_a)^2\right\},\\ \sum_{a=1}^{N}w_a=1\\ w_1,\ w_2,\ \cdots,\ w_N\geqslant 0\end{cases} \tag{5-49}$$

式中：w'_a 为首次分配的权重；w_a 为优化后的权重。根据上述优化模型得出更为公平与合理的评估人员权重分配。

假定在同一组评估中拥有最大权重的评估结果最为准确，而其他评估人员评估结果不可靠的因素除与自身所拥有的经验以及对风险的偏好程度有关外，还与同组中拥有最大权重评估人员所拥有知识的相对差异有关。那么评估人员 E_a 评估结果的相对可靠度可通过式（5-50）求得：

$$\alpha_a = \lambda[1-(w_{\max}-w_a)] \quad (a=1,\ 2,\ \cdots,\ n) \tag{5-50}$$

式中：$w_{\max} = \max\limits_{1 \leqslant a \leqslant n} w_a$；$\lambda$ 为评估人员经验以及风险偏好的系数，一般取 $0.9 \leqslant \lambda \leqslant 1$。

现根据相对可靠度对评估人员 E_a 的评估结果的隶属度进行修正，修正公式如下：

$$T_a^* = \alpha_a T''_a \tag{5-51}$$

这时，$\sum\limits_{k=1}^{3} \alpha_a \mu''_a(A_k) \leqslant 1$，而 $1-\sum\limits_{k=1}^{3} \alpha_a \mu''_a(A_k)$ 属于评估人员在评估过程中不知道的信息集合，即论域。

步骤 4：构造关于评估人员的 mass 函数。评估人员对指标 P_l 评估意见的 mass 函数为：

$$m_a^{(P_l)}(A) = \begin{cases} \alpha_a^{(P_l)} \cdot \mu''^{(P_l)}_a(A_1),\ A = \{A_1\} \\ \alpha_a^{(P_l)} \cdot \mu''^{(P_l)}_a(A_2),\ A = \{A_2\} \\ \alpha_a^{(P_l)} \cdot \mu''^{(P_l)}_a(A_3),\ A = \{A_3\} \\ 1 - \sum\limits_{k=1}^{3} \alpha_a^{(P_l)} \cdot \mu''^{(P_l)}_a(A_k),\ A = \Theta \end{cases} \tag{5-52}$$

该式向量形式为：

$$m_a^{(P_l)} = [m_a^{(P_l)}(A_1),\ m_a^{(P_l)}(A_2),\ m_a^{(P_l)}(A_3),\ m_a^{(P_l)}(\Theta)]^{\mathrm{T}} \tag{5-53}$$

$(a=1,\ 2,\ \cdots,\ n;\ l=1,\ 2,\ \cdots,\ m)$

步骤 5：合成 mass 函数。总共有 N 位评估人员，所以，关于评估人员的 mass 函数共有 N 个，利用合成式（5-52）可对 N 个评估人员的意见进行合成：

$$m(A) = \begin{cases} \dfrac{\sum\limits_{\bigcap_{i=1}^{k} A_i = A,\ A_i \subset \Theta} m_1(A_1),\ m_2(A_2),\ \cdots,\ m_k(A_k)}{1-K}, & A \neq \varnothing \\ 0, & A = \varnothing \\ \sum\limits_{A \subseteq \Theta} m(A) = 1 & \end{cases} \tag{5-54}$$

式中：$K = \sum\limits_{\bigcap_{i=1}^{k} A_i = \varnothing,\ A_i \subset \Theta} m_1(A_1),\ m_2(A_2),\ \cdots,\ m_k(A_k)$，为归一化因子，并且满足 $0 \leqslant K \leqslant 1$。

合成之后，结果记为 $m^{(P_l)} = [m^{(P_l)}(A_1),\ m^{(P_l)}(A_2),\ m^{(P_l)}(A_3),\ m^{(P_l)}(\Theta)]^{\mathrm{T}}$，也

是第 l 个指标的 mass 函数，具体意义为经过证据理论合成后，各评估人员对指标 P_l 属于 A_k 等级的信任度。

步骤 6： 确定各指标权重分配并计算各指标的相对重要程度。利用 T. L. Saaty 提出的一致矩阵法，给出不同指标层级下每个指标的权重。将各层级中各个因素进行两两对比，如将因素 c 和因素 d 进行对比，根据表 5-19 得到判断矩阵元素 a_{cd}，从而确定判断矩阵，并利用表 5-20 的数据对判断矩阵进行一致性检验。

表 5-19 比例标度表

因素 c 对比因素 d	量化值
同等重要	1
稍微重要	3
较强重要	5
强烈重要	7
极端重要	9
两相邻判断的中间值	2，4，6，8

表 5-20 随机一致性指标 *RI*

n	1	2	3	4	5	6	7	8	9	10	11
RI	0	0	0.58	0.90	1.12	1.24	1.32	1.41	1.45	1.49	1.51

以一级指标权重的确定为例，根据不同指标对云会计资源供应商风险预警系统的重要性不同，得到一级指标判断（两两比较）矩阵为 $\begin{bmatrix} 1 & 1/5 & 1/3 \\ 5 & 1 & 3 \\ 3 & 1/3 & 1 \end{bmatrix}$，再取最大特征值为 $\lambda = 3.0385$，通过 $CI = \frac{\lambda - n}{n-1}$（$n$ 为矩阵阶数）计算得到 $CI = 0.01925$，查表得 $n=3$ 对应的 $RI=0.52$，$CR=CI/RI<0.1$，通过一致性检验。最终的一级指标权重系数如表 5-21 所示。

表 5-21 一级指标判断矩阵

指标	外部环境	内部环境	关联因素	权重
外部环境	1	1/5	1/3	0.105
内部环境	5	1	3	0.637
关联因素	3	1/3	1	0.258

使用上述相同的算法可得出其他二级指标与三级指标的判断矩阵以及各指标的权重，如表 5-22 至表 5-33 所示。最终得出指标权重如表 5-34 所示。

表 5-22 二级指标判断矩阵

指标	政策法律环境	社会文化环境	经济技术环境	权重
政策法律环境	1	1	1/5	0.143
社会文化环境	1	1	1/5	0.143
经济技术环境	5	5	1	0.714

由表 5-22 可知，该判断矩阵最大特征值为 $\lambda=3$，通过 $CI=\frac{\lambda-n}{n-1}$（n 为矩阵阶数）计算得到 $CI=0$，查表得 $n=3$ 对应的 $RI=0.52$，则 $CR=CI/RI<0.1$，通过一致性检验。

表 5-23 二级指标判断矩阵

指标	企业资质	服务水平	权重
企业资质	1	5	0.833
服务水平	1/5	1	0.167

由表 5-23 可知，该判断矩阵最大特征值为 $\lambda=2$，通过 $CI=\frac{\lambda-n}{n-1}$（n 为矩阵阶数）计算得到 $CI=0$，查表得 $n=2$ 对应的 $RI=0$，则 $CR=CI/RI<0.1$，通过一致性检验。

表 5-24 二级指标判断矩阵

指标	合作兼容性	供货情况	数据安全	决策信息共享	权重
合作兼容性	1	1/5	1/3	1	0.109
供货情况	5	1	1	5	0.492
数据安全	3	1/3	1	3	0.290
决策信息共享	1	1/5	1/3	1	0.109

由表 5-24 可知，该判断矩阵最大特征值为 $\lambda=3.7999$，通过 $CI=\frac{\lambda-n}{n-1}$（n 为矩阵阶数）计算得到 $CI=0.0667$，查表得 $n=4$ 对应的 $RI=0.89$，则 $CR=CI/RI<0.1$，通过一致性检验。

表 5-25　三级指标判断矩阵

指标	政策稳定性	政府支持度	法律法规完善度	法律法规执行度	权重
政策稳定性	1	2	2	2	0.4
政府支持度	1/2	1	1	1	0.2
法律法规完善度	1/2	1	1	1	0.2
法律法规执行度	1/2	1	1	1	0.2

由表 5-25 可知，该判断矩阵最大特征值为 $\lambda=4$，通过 $CI=\frac{\lambda-n}{n-1}$（n 为矩阵阶数）计算得到 $CI=0$，查表得 $n=4$ 对应的 $RI=0.89$，则 $CR=CI/RI<0.1$，通过一致性检验。

表 5-26　三级指标判断矩阵

指标	社会发展趋势	人口素质	权重
社会发展趋势	1	1	0.5
人口素质	1	1	0.5

由表 5-26 可知，该判断矩阵最大特征值为 $\lambda=2$，通过 $CI=\frac{\lambda-n}{n-1}$（n 为矩阵阶数）计算得到 $CI=0$，查表得 $n=2$ 对应的 $RI=0$，则 $CR=CI/RI<0.1$，通过一致性检验。

表 5-27　三级指标判断矩阵

指标	市场开放及完善程度	企业竞争程度	基础设施建设	科技发展水平	经济发展前景	权重
市场开放及完善程度	1	3	1/3	1/3	1	0.116
企业竞争程度	1/3	1	1/6	1/6	1/3	0.047
基础设施建设	3	6	1	1	6	0.373
科技发展水平	3	6	1	1	6	0.373
经济发展前景	1	3	1/6	1/6	1	0.091

由表 5-27 可知，该判断矩阵最大特征值为 $\lambda=5.1508$，通过 $CI=\frac{\lambda-n}{n-1}$（n 为矩阵阶数）计算得到 $CI=0.0377$，查表得 $n=5$ 对应的 $RI=1.12$，则 $CR=CI/RI<0.1$，通过一致性检验。

表 5-28　三级指标判断矩阵

指标	人力资源	研发能力	管理水平	无形资产	企业信誉	权重
人力资源	1	1	5	1	3	0.281
研发能力	1	1	5	1	3	0.281
管理水平	1/5	1/5	1	1/5	1/3	0.050
无形资产	1	1	5	1	3	0.281
企业信誉	1/3	1/3	3	1/3	1	0.107

由表 5-28 可知，该判断矩阵最大特征值为 $\lambda=5.0420$，通过 $CI=\frac{\lambda-n}{n-1}$（n 为矩阵阶数）计算得到 $CI=0.0105$，查表得 $n=5$ 对应的 $RI=1.12$，则 $CR=CI/RI<0.1$，通过一致性检验。

表 5-29　三级指标判断矩阵

指标	快速响应能力	服务满意度	信息沟通通畅性	权重
快速响应能力	1	1/2	1	0.25
服务满意度	2	1	2	0.5
信息沟通通畅性	1	1/2	1	0.25

由表 5-29 可知，该判断矩阵最大特征值为 $\lambda=3$，通过 $CI=\frac{\lambda-n}{n-1}$（n 为矩阵阶数）计算得到 $CI=0$，查表得 $n=3$ 对应的 $RI=0.52$，则 $CR=CI/RI<0.1$，通过一致性检验。

表 5-30　三级指标判断矩阵

指标	企业文化兼容性	战略目标兼容性	信息系统兼容性	权重
企业文化兼容性	1	1/3	3	0.258
战略目标兼容性	3	1	5	0.637
信息系统兼容性	1/3	1/5	1	0.105

由表 5-30 可知，该判断矩阵最大特征值为 $\lambda=3.0385$，通过 $CI=\frac{\lambda-n}{n-1}$（n 为

矩阵阶数）计算得到 $CI=0.01925$，查表得 $n=3$ 对应的 $RI=0.52$，则 $CR=CI/RI<0.1$，通过一致性检验。

表 5-31　三级指标判断矩阵

指标	产品价格	时间柔性	品种柔性	权重
产品价格	1	5	4	0.683
时间柔性	1/5	1	1/2	0.117
品种柔性	1/4	2	1	0.2

由表 5-31 可知，该判断矩阵最大特征值为 $\lambda=3.0246$，通过 $CI=\frac{\lambda-n}{n-1}$（n 为矩阵阶数）计算得到 $CI=0.0123$，查表得 $n=3$ 对应的 $RI=0.52$，则 $CR=CI/RI<0.1$，通过一致性检验。

表 5-32　三级指标判断矩阵

指标	第三方平台资信度	云平台资信度	权重
第三方平台资信度	1	2	0.667
云平台资信度	1/2	1	0.333

由表 5-32 可知，该判断矩阵最大特征值为 $\lambda=2$，通过 $CI=\frac{\lambda-n}{n-1}$（n 为矩阵阶数）计算得到 $CI=0$，查表得 $n=2$ 对应的 $RI=0$，则 $CR=CI/RI<0.1$，通过一致性检验。

表 5-33　三级指标判断矩阵

指标	共享程度	信息真伪	权重
共享程度	1	3	0.750
信息真伪	1/3	1	0.250

由表 5-33 可知，该判断矩阵最大特征值为 $\lambda=2$，通过 $CI=\frac{\lambda-n}{n-1}$（n 为矩阵阶数）计算得到 $CI=0$，查表得 $n=2$ 对应的 $RI=0$，则 $CR=CI/RI<0.1$，通过一致性检验。

表 5-34 指标权重表

一级指标	权重	二级指标	权重	三级指标	权重
外部环境（P_1）	0.105	政策法律环境（P_{11}）	0.143	政策稳定性（P_{111}）	0.4
				政府支持度（P_{112}）	0.2
				法律法规完善度（P_{113}）	0.2
				法律法规执行度（P_{114}）	0.2
		社会文化环境（P_{12}）	0.143	社会发展趋势（P_{121}）	0.5
				人口素质（P_{122}）	0.5
		经济技术环境（P_{13}）	0.714	市场开发及完善程度（P_{131}）	0.116
				企业竞争程度（P_{132}）	0.047
				基础设施建设（P_{133}）	0.373
				科技发展水平（P_{134}）	0.373
				经济发展前景（P_{135}）	0.091
内部环境（P_2）	0.637	企业资质（P_{21}）	0.833	人力资源（P_{211}）	0.281
				研发能力（P_{212}）	0.281
				管理水平（P_{213}）	0.050
				无形资产（P_{214}）	0.281
				企业信誉（P_{215}）	0.107
		服务水平（P_{22}）	0.167	快速响应能力（P_{221}）	0.25
				服务满意度（P_{222}）	0.5
				信息沟通通畅性（P_{223}）	0.25
关联因素（P_3）	0.258	合作兼容性（P_{31}）	0.109	企业文化兼容性（P_{311}）	0.258
				战略目标兼容性（P_{312}）	0.637
				信息系统兼容性（P_{313}）	0.105
		供货情况（P_{32}）	0.492	产品价格（P_{321}）	0.683
				时间柔性（P_{322}）	0.117
				品种柔性（P_{323}）	0.2
		数据安全（P_{33}）	0.290	第三方平台资信度（P_{331}）	0.667
				云平台资信度（P_{332}）	0.333
		决策信息共享（P_{34}）	0.109	共享程度（P_{341}）	0.750
				信息真伪（P_{342}）	0.250

最终风险评估结果需确定若干风险评估指标，但每个指标对最终评估结果的影响各不相同，即每个指标所拥有的权重是不同的。在进行权重分配时，往往会出现分配不合理和不公平的情况，为解决这一问题，更好地突出各指标对评估结果重要性的差异，在满足 $\sum_{l=1}^{m}\delta_l=1$，$\delta_l\geqslant 0$（$l=1, 2, \cdots, m$）的条件下，利用

式（5-54）计算每个指标的相对重要程度。

$$\alpha^{P_l}=\eta(\delta_l/\delta_{\max}) \quad (l=1, 2, \cdots, m) \tag{5-55}$$

式中：$\delta_{\max}=\max\limits_{1\leqslant l\leqslant m}\delta_l$；$\eta$ 为对指标权重偏好的修正系数，与评估人员知识、经验有关，一般取 $0.9\leqslant\eta\leqslant1$。

步骤 7：修正指标的 mass 函数。步骤 5 中的结果，即各个指标的 mass 函数，通过步骤 6 可获得各个指标的相对重要程度，现通过式（5-56），利用步骤 6 的结果对步骤 5 的 mass 函数进行修正：

$$m^{(P_l)^*}=\alpha^{P_l}\cdot m^{(P_l)} \tag{5-56}$$

步骤 8：合成指标的 mass 函数，得出最终评估结果。根据修正后的 mass 函数，再次利用式（5-56）对其进行合成，最后得到基于供应商视角的云会计资源共享风险的综合评估结果为 $m_F=[m_F(A_1), m_F(A_2), m_F(A_3), m_F(\Theta)]$。

5.3.4 数据分析

从供应商的视角对云会计资源共享进行风险等级评估，利用风险指标体系表，确认风险因素，设计调查问卷，根据问卷调查所得数据获得各个指标的权重，取指标权重偏好的修正系数 $\eta=0.92$，反映评估人员经验以及偏好的系数 $\lambda=0.92$。根据回收的 534 份有效问卷调查，利用 lingo11.0 和 pathon3.6.5 对其进行计算，最后得出云会计资源共享风险评估结果。

在此，以指标 P_{111} 为例，选取 534 份问卷调查中的 10 份说明算法过程，其余算法过程与此相似，问卷调查指标 P_{111} 原始数据如表 5-35 所示。

表 5-35 指标 P_{111} 10 份原始问卷调查

问题	评估人员	回答	对应的辨识框 Θ 中第 i 个类（i 值）
您认为当前云会计资源供应这一产业所处的营业环境，因国家政策制度、国家政策权利的主体、国家政策生活、国家政策和法律法规以及社会秩序的相对稳定性导致风险的可能性有多大？	E_1	大致不可能	5
	E_2	很可能	2
	E_3	很可能	2
	E_4	可能	4
	E_5	很可能	2
	E_6	不可能	6
	E_7	大致可能	3
	E_8	大致不可能	5
	E_9	大致不可能	5
	E_{10}	很可能	2

获取原始数据后，利用式（5-43）~（5-45）实现模糊评估语言定量化处理，再利用式（5-46）对式（5-45）的结果做归一化处理，所得结果如表 5-36 所示。

表 5-36　经归一化处理的模糊评估语言定量化结果

评估人员	风险等级分布		
	高	中	低
E_1	0	0.8642	0.1358
E_2	0.7179	0.2821	0
E_3	0.7179	0.2821	0
E_4	0	1	0
E_5	0.7179	0.2821	0
E_6	0	0.2821	0.7179
E_7	0.1358	0.8642	0
E_8	0	0.8642	0.1358
E_9	0	0.8642	0.1358
E_{10}	0.7179	0.2821	0

为更好地测算评估人员的最优权重分布值，利用式（5-47）对归一化处理的模糊评估语言定量化结果做平滑处理，再利用式（5-48）对平滑处理的结果做归一化处理，所得结果如表 5-37 所示。

表 5-37　归一化平滑数据结果

评估人员	风险等级分布		
	高	中	低
E_1	0.28778	0.404929	0.307291
E_2	0.385801	0.327207	0.286993
E_3	0.385801	0.327207	0.286993
E_4	0.288841	0.422319	0.288841
E_5	0.385801	0.327207	0.286993
E_6	0.286993	0.327207	0.385801
E_7	0.307291	0.404929	0.28778
E_8	0.28778	0.404929	0.307291
E_9	0.28778	0.404929	0.307291
E_{10}	0.385801	0.327207	0.286993

在平滑处理结果的基础上，利用权重优化模型，即式（5-49），得出 P_{111} 指标的评估人员最优权重分布值，再利用式（5-50）得到每位评估人员的相对可靠度，所得结果如表 5-38 所示。

表 5-38 评估人员相对可靠度

评估人员	相对可靠度
E_1	0.9162
E_2	0.9154
E_3	0.9154
E_4	0.92
E_5	0.9154
E_6	0.9154
E_7	0.9171
E_8	0.9162
E_9	0.9162
E_{10}	0.9154

利用式（5-51），使用相对可靠度对式（5-48）的结果进行修正，所得结果如表 5-39 所示。

表 5-39 修正隶属度

评估人员	风险等级分布			
	高	中	低	论域
E_1	0.263664	0.370996	0.28154	0.0838
E_2	0.353162	0.299525	0.262713	0.0846
E_3	0.353162	0.299525	0.262713	0.0846
E_4	0.265733	0.388533	0.265733	0.08
E_5	0.353162	0.299525	0.262713	0.0846
E_6	0.262713	0.299525	0.353162	0.0846
E_7	0.281816	0.37136	0.263923	0.0829
E_8	0.263664	0.370996	0.28154	0.0838
E_9	0.263664	0.370996	0.28154	0.0838
E_{10}	0.353162	0.299525	0.262713	0.0846

利用式（5-52）可得出不同评估人员对指标 P_{111} 的 mass 函数，之后利用证据理论合成公式，即式（5-54）对不同评估人员的评估意见进行融合，最后得到指标 P_{111} 的融合结果，即 $m_F^{(P_{111})}$ = [0.0001（高），0.9998（中），0.001（低），0（论域）]。

重复上述步骤，分别得到各个三级指标的融合结果。利用式（5-56）对各个指标的原始权重分布值进行修正，修正后的相对指标权重如表 5-40 所示。

表 5-40 相对指标权重

一级指标	权重	二级指标	权重	三级指标	权重
外部环境（P_1）	0.1516	政策法律环境（P_{11}）	0.1843	政策稳定性（P_{111}）	0.92
				政府支持度（P_{112}）	0.46
				法律法规完善度（P_{113}）	0.46
				法律法规执行度（P_{114}）	0.46
		社会文化环境（P_{12}）	0.1843	社会发展趋势（P_{121}）	0.92
				人口素质（P_{122}）	0.92
		经济技术环境（P_{13}）	0.92	市场开发及完善程度（P_{131}）	0.2861
				企业竞争程度（P_{132}）	0.1159
				基础设施建设（P_{133}）	0.92
				科技发展水平（P_{134}）	0.92
				经济发展前景（P_{135}）	0.2245
内部环境（P_2）	0.92	企业资质（P_{21}）	0.92	人力资源（P_{211}）	0.92
				研发能力（P_{212}）	0.92
				管理水平（P_{213}）	0.1637
				无形资产（P_{214}）	0.92
				企业信誉（P_{215}）	0.3503
		服务水平（P_{22}）	0.1844	快速响应能力（P_{221}）	0.46
				服务满意度（P_{222}）	0.92
				信息沟通通畅性（P_{223}）	0.46
关联因素（P_3）	0.3726	合作兼容性（P_{31}）	0.2038	企业文化兼容性（P_{311}）	0.3726
				战略目标兼容性（P_{312}）	0.92
				信息系统兼容性（P_{313}）	0.1516
		供货情况（P_{32}）	0.92	产品价格（P_{321}）	0.92
				时间柔性（P_{322}）	0.1576
				品种柔性（P_{323}）	0.2694
		数据安全（P_{33}）	0.5423	第三方平台资信度（P_{331}）	0.92
				云平台资信度（P_{332}）	0.4593
		决策信息共享（P_{34}）	0.2038	共享程度（P_{341}）	0.92
				信息真伪（P_{342}）	0.3067

通过对各个指标的融合结果进行修正，指标 P_{111} 的修正结果为 $m_F^{(P_{111})^*}$ = [0.000092（高），0.999816（中），0.000092（低），0（论域）]，将修正后的指标的 mass 函数进行融合，以 P_{111}、P_{112}、P_{113}、P_{114} 四个指标的融合为例，得到融合结果 $m_F^{(P_{11})^*}$ = [0（高），1（中），0（低），0（论域）]，也即指标 P_{11} 属于高、中、低三个等级以及论域的信任度。依照上述步骤，得到其他三级指标的融合结果，再使用相对指标权重值对其进行修正，将修正后的 mass 函数再次利用式（5-54），对其进行融合，重复上述步骤，逐级测算，最终得出云会计资源共享风险评估结果为 m_F= [0（高），1（中），0（低），0（论域）]。评估结果表明，基于供应商的视角，云会计资源共享风险等级为“中”。

由上述分析可知，当前云会计资源共享风险等级为“中”，基于此结果，从外部环境、内部环境以及关联因素三大方面进行分析。

外部环境方面，说明云会计资源供应商所处的政策法律环境、社会文化环境以及经济技术环境还不能为企业运营提供有力的保障。首先，与云会计资源共享相关政策法律生态圈稳定性不足，政策支持度还有待进一步提高；其次，企业内部对云会计资源共享认同度很难统一，存在引进难、推行难等问题；最后，基础设施建设、科技发展水平以及市场的开放程度发展不平衡，尤其是西部地区发展相对缓慢。

内部环境方面，云会计资源供应商虽已具备能力为客户企业提供服务，但其产品的功能、产品自身价值以及产品带来的经济效益还不足以达到客户企业的期望。此外，广大客户企业对与云会计资源共享相关的信息资讯了解较少。

关联因素方面，云会计资源供应商与客户企业的合作程度不够深入，在产品价格、产品多样性以及质量等方面还不能完全达到客户企业的预期；供应商在云平台上运营以及使用第三方平台的基础设施时得不到可靠的保障；在与竞争对手合作时，供应商自身不能正确判断信息的共享程度是否恰当，以及无法识别和验证竞争对手提供信息的真伪。

5.3.5 对策与建议

针对上述原因提出以下几方面的对策与建议。

第一，外部环境。①要将云会计资源共享纳入政府工作考虑的范围之内，从政策层面引起地方、社会以及企业的高度重视，为广大云会计资源供应商提供有力且稳定的保障；②加快完善这一领域相关法律法规，成立专门的工作小组或部门机构切实执行与落实相关法律法规；③虽部分地区经济发展较快、基础设施配备完善，但社会整体基础设施配备不均衡，在已有经济成果的基础上，应注重社会整体的协调发展，为偏远及内陆地区提供更多的发展机会，加大地区与地区之间的交流与合作，更快更好地促进经济的高质量发展。

第二，内部环境。①在现有云会计资源供应商的人力资源匮乏的情形下，应为企业引进更多人才以保证产品质量；②供应商应加大在研发中的投入，为企业开发出更具竞争力的产品；③采用定期和不定期两种方式，对企业高层及中层工作人员进行管理培训，使其及时掌握国家政策、会计工作准则、其他方面政策法规以及相关管理方法的变化；④供应商应增强知识产权保护意识，对企业现有产品产权及时向有关部门申报；⑤供应商应将企业信誉管理工作上升至战略高度，为客户企业提供质量有保障的产品、优质的服务，担起应负的社会责任；⑥采用分批次和分级次两种方式对基层员工进行技能、沟通交流等方面的培训。

第三，关联因素。①力求与客户企业的合作程度最大化，增大与客户企业的契合度；②不断优化产品，降低产品的成本，增加产品功能的多样性，使工作标准化、流程化，压缩产品满足使用要求所需的时间；③在选取云平台、第三方平台以及与本企业共享决策信息的竞争对手时，需对其进行调查和评估，确定合作后必须签订具有明确责任与赔偿条款的合同，最大限度地保障供应商自身权益。

5.3.6 小结

本部分从云会计资源供应商的视角，对供应商所处的外部环境、内部环境以及与供应商有关的其他企业（云平台、第三方平台以及竞争对手）进行分析，构建了风险指标体系，设计了调查问卷，基于基尼系数的证据理论对云会计资源共享风险进行评估。根据评估结果剖析其深层原因，并给出具有可行性的建议，为云会计资源供应商提供可借鉴的改进措施。

6 云平台内部控制

6.1 云平台内部控制体系构建

云计算技术推进了我国会计行业以云技术为支持和财务共享模式相融合的云平台建设。然而，云平台安全问题如数据信息泄露、外部攻击、内部滥用以及技术漏洞等制约着平台发展。因此，云平台亟须构建内部控制体系以实现健康良好的发展。在理论研究的基础上分析识别云平台风险，结合《企业风险管理——与战略和绩效的整合》［COSO-ERM（2017）］这一框架，构建云平台的内部控制体系，为其风险管理与内部控制提供实践性建议。

6.1.1 引言

随着信息技术的不断发展，以云计算技术为支撑的云平台应运而生。云会计资源共享是一种新兴的共享基础架构，为企业提供了一种基于互联网以“按需、易扩展”的方式获取所需资源的平台。云平台在有效降低企业信息化成本、促进信息共享的同时，也给其内部控制体系的构建带来了新的挑战。

内部控制在组织制度框架中担任着内部管理监控的角色，贯穿组织风险管理始末，成为组织管理不可或缺的一部分（阎达五和杨有红，2001）。近年来，有关内部控制的理论研究大致分为以下几方面：

（1）内部控制实施后果。韩岚岚和马元驹（2015）认为，内部控制能够抑制费用黏性，从而提高企业价值。Goh 和 Li（2011）通过研究内部控制与保守主义之间的关系发现，内部控制还可以减少冒险行为，提高财务报告的稳健性。

（2）内部控制影响因素。Hollis Ashbaugh-Skaife 等（2007）使用内部控制披

露来调查控制失误的经济因素，研究发现，经营业务复杂、会计风险高的企业更容易出现内部控制失误。

（3）内部控制缺陷研究。Maria Ogneva 等（2007）研究了内部控制弱点（ICW）对股权成本的影响。王加灿等（2019）实证研究了存在内部控制重大缺陷的上市公司的传染源和传染对象，发现了内部控制缺陷的资本市场传染效应。

（4）内部控制有效性评价。周小燕和罗绍德（2013）认为，有效性评价是内部控制实施的关键，可以借鉴 COSO 框架定性和定量地分析内部控制有效性，并建立内部控制有效性评价模型。

（5）内部控制的构建与实施。美国 COSO 委员会发布的《内部控制整合框架》等文件是当今世界上公认的最具权威性的内部控制文件，代表着现代企业内部控制的发展方向（陈俊和王曙光，2008），因此许多学者根据 COSO 内部控制文件的标准，探索国内企业内部控制的构建与实施。信息技术的变革对组织内部控制提出了新要求，李若昕等（2018）依据 ISCA 模型有针对性地提出互联网环境下组织内部控制的新改革路径，并通过立法机制和声誉机制保障其实施效果。

云平台上的信息安全与否决定了中小企业是否愿意使用云平台，云平台应该透明化地向企业呈现其在使用云服务时数据信息的安全性（程平等，2013），而中小企业应该将云服务的使用与自身的内部控制相结合，如对云平台的业务流程进行指标评价，推动更加健全的风险管理（周婷婷和张浩，2018）。在大数据时代，云平台存在诸多网络安全问题，其本身又具有开放性、共享性、敏捷性等特征。目前，还没有文章对云平台的风险及内部控制体系构建进行系统的研究，本部分在研究相关理论的基础上，总结云平台存在的风险，基于 COSO-ERM（2017）设计云平台的内部控制体系，并给出具体的风险防范措施和运行保障措施。

云平台：云平台的共享模型由云会计资源供应商、云平台和云租户三方构成，众多云会计资源供应商将决策信息存储于虚拟资源池，在资源池中进行动态分配和管理，云租户基于自身战略目标需求在云平台上购买决策信息或合适的产品及服务，云平台作为中间媒介链接资源池与需求方为云会计资源供应商提供运营场所。云平台分为五层结构，包括软件即服务（SaaS）、平台即服务（PaaS）、基础设施即服务（IaaS）、数据即服务（DaaS）、硬件即服务（HaaS），分别对应的服务是应用资源层、公共管理平台、基础设施资源层、数据资源和服务器集群。云平台以一种按需、易扩展的共享架构为云端用户提供高效便捷的产品、信息和服务，同时，平台的安全问题亟待各方主体提起重视。

COSO-ERM（2017）框架：内部控制是管理现代化的产物，COSO 在 2004 年风险管理框架的基础上修订升级，于 2017 年 9 月 6 日发布《企业风险管理——与战略和绩效的整合》，呈现出内部控制与风险管理交融发展的趋势。COSO-ERM（2017）认为，企业风险管理是组织价值创造与战略整合的“文化、能力和实践”，关注新风险视角下组织的治理和文化，强调风险管理与战略绩效的紧密联系，从而创造维系组织价值（Lhuer，2016）。该框架将风险管理整合为治理和文化、战略目标和设定、执行风险管理、评估和修正、信息沟通和报告五大要素，以原则为导向指导组织的风险管理实践。COSO-ERM（2017）对于任何类型的组织具有广泛的包容性，且内部控制是企业风险管理的一个基本方面，将该框架应用于云平台具有必要性和可行性。

6.1.2 存在的问题

COSO-ERM（2017）将风险重新定义为“事项发生并影响战略和商业目标实现的可能性”，打破了“风险只带来负面影响”的旧认知，这里的风险具有双面性。基于此，目前云平台存在的问题主要有数据信息风险、产品质量风险、人力资源风险、信息沟通风险和法律法规风险。它们既是平台未能防范而又现实存在亟待解决的负面影响，又能够通过主动识别和控制来维持安全水平或创造新价值。

6.1.2.1 数据信息风险

数据信息风险是指云会计资源供应商将共享资源在资源池中存放、传输和使用，以及云租户使用云会计软件及服务过程中的数据安全问题。云平台中的数据安全问题包括：①云平台中数据频繁传输接口不严和数据切分销毁机制不完善导致的信息泄露风险；②供应商或企业间的恶性竞争和虚拟化方面的技术瑕疵导致平台或软件遭受黑客攻击或病毒非法入侵；③云会计资源供应商的加密算法和密钥设计存在缺陷，访问控制技术等不成熟导致的信息被篡改和隐私被泄露；④云平台数据信息保密制度有待完善且须有效执行。尽管从信息技术角度来看，云会计资源供应商提供相对完备的数据安全管理体系，但是数据信息与企业空间分离，风险隐现于云平台的共享性质中，一旦出现数据信息安全问题，将对供应商和客户企业甚至云平台造成严重的损失。

6.1.2.2 产品质量风险

云平台上的产品或服务从质量、使用和声誉三个维度进行评价。产品质量包括产品的现实可用性和未来可维护性，要求其安全可靠、功能完备；使用维度主要是企业在产品或服务的切实体验中关注的合规性、风险可控性等；良好的声誉能提升平台的整体价值。如果云平台对产品的实施价值、使用体验、运行性能和产品功能没有完善的评价体系和标准，就会降低客户企业对云平台的信任度，阻碍其进行云服务应用的决策。

6.1.2.3 人力资源风险

云平台的人力资源风险主要来源于管理人员和操作人员的职业操守、行为动机和技术水平。由于云会计资源采取虚拟化和冗余的分布式存储技术，管理人员可能拥有某些特殊的访问权限，且在云会计环境下平台对人员的监管难度加大，这就要求人员自身具有较高的职业素质和职业操守。云平台的日常管理和技术创新对人员的技术水平有较高的要求。另外，云平台下的内部人员不再只是处于防火墙内的职工，还是为企业提供云会计应用和服务的供应商内部成员，这无疑提高了人员控制的复杂性。

6.1.2.4 信息沟通风险

信息沟通是 ERM 的重要组成部分。一方面，云平台作为供应商与客户企业进行信息沟通的中间媒介，能否使供应商真正了解客户企业的需求、客户企业充分了解供应商的服务水平及服务等级协议？另一方面，云平台具有开放性、合作性、集成性的特点，越来越多的供应商和客户企业参与到云平台上，云平台能否对供应商和客户企业的服务需求迅速做出反应？

6.1.2.5 法律法规风险

在互联网环境下，云会计资源共享的交易过程中建立的合同关系错综复杂，具体表现为参与主体众多且不稳定以及合同条款动态变化等。另外，只靠技术无法解决的数据主权问题是云平台发展的一大“瓶颈”，还需国内国际的法律法规和政策的约束。云会计环境的法律法规和政策不足难以保障各方的数据安全、明确合同双方的权利义务、增加执法的复杂性。应出台云会计资源共享的专项法律法规，明晰云产品服务的收费标准、数据主权、事故责任细则、赔偿细则等以约束云平台的所有参与者。

6.1.3 体系设计

6.1.3.1 COSO-ERM（2017）下平台内部控制体系的构建

云平台亟须从整合风险管理的角度建立内部控制体系，致力于保障战略目标的实现以及维系和创造平台价值。基于 COSO-ERM（2017）的云平台内部控制总体框架如图 6-1 所示。

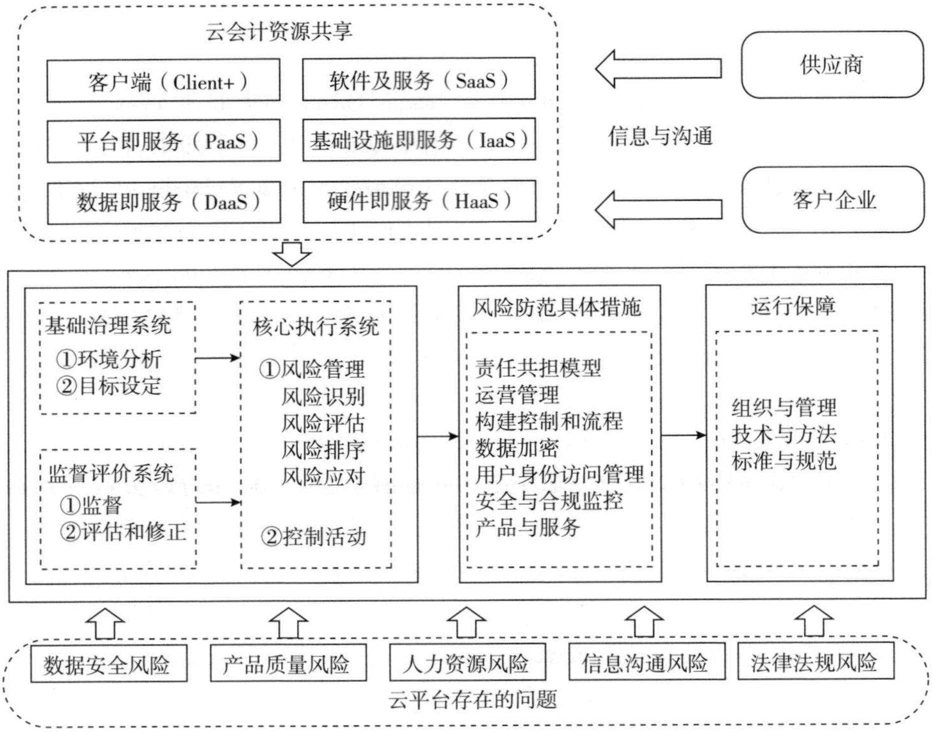

图 6-1　基于 COSO-ERM（2017）的云平台内部控制总体框架

（1）基础治理系统。基础治理系统的环境分析概念与 COSO-ERM（2017）中的“治理与文化”相对应，具体实施方法包括完善组织结构建设、健全平台运作模式、定义企业文化并展现对核心价值的承诺、吸引并留住能胜任的人才、优化信息与沟通机制等。其中需要突出强调企业文化并非一套务虚的人文关怀系统，而是目标管理体系，包括企业的使命、愿景、核心价值观和行为标准。另外，云平台广泛地依托互联网开展工作，使得云平台内外部控制环境极其复杂，云平台通过分析其内外部控制环境，保证内部控制体系设计的有效性。

基础治理系统的目标设定概念与 COSO-ERM（2017）中的“战略和目标设定”要素相对应。作为一个资源共享平台，应根据其共享特质来设定控制目标，具体包括：①发现和定位云平台外部攻击的反复性行为；②记录云平台内部用户的滥用、误用行为；③检测云平台各个层面的安全漏洞，及时发现并进行维护以使系统恢复正常运行；④审查云平台的数据安全、权属划分、信息沟通、技术处理等风险；⑤判断云平台风险管理体系的科学性和健全性，评价其执行的有效性和实时性。平台的战略目标设定要在其能承受的最大风险范围之内，与决策者的风险偏好息息相关，COSO-ERM（2017）提出的决策工具——风险概况图能确保最终的结果在决策者可接受的波动范围之内。

（2）核心执行系统。考虑到云平台的实际情况，风险识别主要运用环境分析法、专家调研法等定性分析方法。云平台通过梳理近年来内外部审计发现的问题，根据专家的经验和职业判断汇总出问题清单，进而引出合理的风险评估流程。

风险评估是核心执行系统的重要环节。风险评估环节涉及发生概率（Probability）和影响程度（Impact）两个方面。首先，将风险发生的可能性划分为五个档次，分别为低（0~10%]、较低（10%~30%]、中等（30%~60%]、较高（60%~90%]、高（90%~100%]。其次，将识别出的风险分为可量化风险和综合判断风险，对两大类风险事件进行赋值，即以事件发生的次数、影响的金额等情况设计风险评价体系，成立专家小组为问题清单中的风险事件打分确定其影响程度。最后，根据风险函数 $R(P, I) = P \times I$ 取得风险得分，确定风险的级别，选择风险应对措施。

COSO-ERM（2017）为避免与《内部控制整合框架》重复，不再赘述控制活动在内的相关内容。因此，本框架中的控制活动要素仍然借鉴《内部控制整合框架》。控制活动贯穿组织所有层级和各个职能部门，作为内部控制流程的关键环节，本框架将其看作实施风险管理结果的具体程序。

（3）监督评价系统。云平台风险管理的监督活动应从流程各个方面出发，包含内部监督与外部监督。一方面云平台内部要建立健全监督机制，另一方面针对云平台要有严格的外部监督机构。根据内外部监督报告评价内部控制系统的有效性和可行性，随着宏观环境、技术变革等重大变化对内部控制体系进行持续优化改进。

6.1.3.2 云平台风险的具体防范措施

（1）供应商方面。第一，供应商应保证其基础设施设备安全，云机房的承重、层高、抗震能力应达到机房安全标准，对进出机房的人员进行严格的身份认证并配备专业人员和监控设备进行 24 小时巡视监控；第二，将每个客户企业的数据存储在独立虚机，并严格隔离各独立虚机，做到企业信息相互隔绝；第三，通过国际 ISO 27001 安全体系认证，对客户企业的重要、敏感数据进行算法和密钥分离保管的加密存储，对所有关键、核心数据都采用最先进的加密传输方法，保障数据安全无忧；第四，要有代码备份与恢复、数据备份与恢复、定期容灾演练等充分的灾备措施；第五，不断优化云产品、提升云服务质量和效率，严格执行国家最新会计制度和相关法律法规的规定，提升用户的满意度。

（2）客户企业方面。客户企业在进行应用云服务决策时，首先保证企业管理人员有较强的风险管理意识，增强员工对云平台的认同感，在与云会计资源供应商进行有效沟通并充分了解其服务水平和等级协议的情况下，制订合理的计划并选择适合自身的云平台。客户企业的云端数据资源受到诸多威胁，这也是现代许多中小企业对云平台望而却步的原因。针对客户企业来说，要保障自身数据资源安全，应确保安装了有效的杀毒软件并对其实时更新升级，进行数据资源分类后的机密数据存储于特定独立存储器并将其备份归档。另外，客户企业内部要设立相关的内部控制制度，完善其对云会计资源供应商提供的产品和服务的应用模式和应用制度，建立自身在云平台运用中的安全预警机制，保证企业数据的安全性、机密性、完整性和可控性。

（3）云平台方面。云平台依据内部控制体系流程进行环境分析与目标设定、风险识别、风险评估、风险防范、监控与评价等。具体地，云平台应建立严格的访问控制，用户访问数据时要研判用户的访问级别，检测该数据使用者是否具有合理的访问权限，验证用户的访问方式是否会威胁到云平台数据安全，追踪认证失败等异常访问的轨迹；加强用户的隐私保护，其中动态加密算法能够提升平台的隐私保护水平，云平台应分析检测动态加密算法是否存在缺陷、密码设备是否安全、测试密钥管理是否得当；云平台应当关注云会计资源供应商企业的产品质量和其自身服务模式是否成熟，即产品是否达到安全性、可靠性、可用性、可维护性、可决策性、合法合规等要求，服务制度是否完善等；云平台应充分掌握云供应商企业和客户企业的协同情况，促进双方无障碍沟通交流，判断云会计资源供应商企业是否满足客户企业个性化、自主化、多样化的决策需求；配合法律法规及政策的制定和实施，有效地转移、缩小、规避云平台的现实风险。

6.1.4 运行保障

在日趋复杂的互联网环境下，云平台内部控制体系的实施对保障机制存在更多层次的需求，应当全面推进运行保障机制的理念创新，确保云平台内部控制体系的有效实施。云平台在建立自身内部控制运行保障机制时应借鉴如下策略：

（1）组织与管理。组织是诸多要素的集合，管理是制定、实施、监督和优化，将要素资源有机整合的过程，两者是云平台内部控制目标实现的基本前提。首先，传统的侧重于事后监督的风险管控机制正在经历着理念变革，而云会计横跨云计算、信息科学、计算机等多个学科领域，安全防范任务艰巨，做好顶层设计和科学筹划，事前主动识别和控制尤为重要；其次，组织有必要引进全面的专业性人才，组织人员尤其是管理人员和审计人员必须熟悉云平台各方面的运作以及运营环境、战略目标、业态成熟度、监管环境和法律环境等，合理设计人才培养制度和人才激励制度，建设一支专业、有胜任能力、优秀的人才队伍。

（2）技术与方法。在云环境下，信息的获取、传递、分析、反馈、输出都是基于强大的感测、通信和计算机技术，为保障云平台数据信息安全、软硬件安全，平台应当应用生物密码等数据加密技术、访问控制技术、电子对抗技术、入侵检测技术等。云平台内部控制体系实施过程中可能会出现职责界定不清、信息披露不明、缺乏配套的激励机制等问题，可建立问责机制以明确组织中扮演一定角色的人的权利和义务，违背原则需受严惩，尤其是基于理性假设，实施制度体系的理性人会衡量违反制度的惩罚和收益，如果违反制度的效益小于惩罚时，就会选择遵守制度。

（3）标准与规范。目前国内云平台没有完善的内部控制和风险管理体系，需要一些相对成熟的标准和规范对平台风险管控实践予以指导。针对此现状，云平台可以借鉴国内网信办发布的《信息安全技术》（2015 年）、COSO 发布的《内部控制整合框架》（2013 年）和《企业风险管理——与战略和绩效的整合》（2017 年）、COBIT 通用审计标准、NIST 发布的云计算安全参考体系框架等，融合云应用开发商、云设备提供商、云服务销售商、客户企业等各方利益主体，保障以互联网为基础的云平台的内部控制有效开展。

6.1.5 小结

云会计资源共享是“互联网+会计”时代新型财务共享模式，这种模式为企业提供的产品和信息具有精确、及时、全面、个性化等特点，帮助企业高效整合动态信息，有效促进管理会计实践和发展。未来云会计资源共享必将成为云会计服务的重要部分，对其内部控制的理论研究也将越来越丰富，实施路径也会越来越完善。

6.2 RPA 助力云平台内部控制体系体系优化

6.2.1 引言

更先进的流程挖掘技术、计算机视觉技术以及 AI 的快速发展，推动各大中小企业进行数字化转型。我们现在所处的行业和市场迎来了数字化革命，数字化劳动力时代已经来临。机器人流程自动化（Robotic Process Automation，RPA）通过配置计算机软件或机器人来模拟、集成人与数字系统间的交互行为自动化业务流程，已经成为企业数字化转型的措施之一。麦肯锡在 2016 年 9 月的采访中指出，在整个流程中部署 RPA 的企业，尤其是将其部署在支持大多数工作流中许多小任务的企业，第一年的投资回报率最高可达 200%（Bauer et al.，2018）。那么，RPA 将在云平台的内部控制体系中扮演什么样的角色？云平台的内部控制又将如何借助 RPA 技术优化体系防范风险呢？

机器人流程自动化作为一项新兴技术，专注于基于规则的重复性、自动化业务流程，旨在为决定实施此项技术的组织创造竞争优势。Asatiani 和 Penttinen（2016）以一家提供财务流程和外包服务的芬兰公司 OpusCapita 为例，关注其全面的采购到付款和订单到现金流程，寻找 RPA 为企业和客户提供增值的方法。Aguirre 和 Rodriguez（2017）通过案例研究证明，在生产率、成本、速度等优势中，提高生产率是 RPA 的主要优势。Mendling 等（2018）研究了企业高管将 RPA 潜在地应用到人力资源和全球业务服务运营中的决策、策略和部署自动化的类型。Madakam 等（2019）指出，2018 年被称为“机器人流程自动化”年，企业运营正在跨入所谓的“机器人流程自动化”的新技术领域。国内专家学者对 RPA 的研究多集中在财务领域。陈虎（2016）探析了“大智移云物”背景下的财务转型，研究了机器人在财务共享中的应用，简要介绍了基于财务机器人的费用报销、采购付款等典型流程的优化。在内部控制的应用方面，全文举（2019）从资金管理、税务管理和内部审计三个方面简述了 RPA 在全面提升企业内部控制管理中的应用；陈琳娣（2019）认为，审计工作中存在大量重复繁重的任务，需要通过 RPA 技术实现外部数据校验、辅助项目质量管理等审计流程自动化，将审计人员从枯燥的工作中解脱出来，让他们专注于需要推理和判断的合规工作。

综上所述，互联网时代会计信息质量、工作效率大幅度提升，资源共享平台极大地降低了信息化成本，但平台建设不健全和内部控制体系不完善会引起数据信息不安全等诸多风险。平台正确地部署 RPA 技术，将其运用到一致的规则应用和遵守框架决策中，能够有效优化平台的内部控制体系，尤其可以减少许多潜在风险根源上的人为错误。RPA 在优化平台内部控制体系的过程中具有可行性、重要性和有效性。

6.2.2 机器人流程自动化

RPA 能够模仿大多数用户的行为，包括登录应用程序、连接系统 API、复制和粘贴数据、移动和建立文件夹、提取和处理结构化或半结构化内容、打开电子邮件和附件、从网页抓取数据、进行计算等。RPA 已被广泛应用于业务流程外包、金融与银行业、保险业、制造业、医疗业与公共部门等多个领域。经过不断地发展，RPA 与机器学习（ML）、自然语言处理（NLP）、智能光学字符识别（OCR）以及 AI 计算机智能等其他高级工具相结合为企业释放其巨大潜力。那么，企业部署 RPA 的效益总结为如下几点：第一，准确度更高。人工操作可能会出现跳过某一步骤，或者在处理某一交易事项时前后流程不一致的情况，且易存有主观偏见。相比之下，机器人基于明确的规则，遵循一定的程序，大大提高了任务准确度。第二，快速节约成本。相比其他大型的 IT 技术，RPA 在企业的前期部署周期短、费用低，维护成本也较低，并且可以使流程处理成本快速降低 80%。第三，可扩展性强。在企业成长的过程中，RPA 能跨部门、跨区域快速低成本部署，迅速敏捷地根据自己的业务流程变化部署更多具有适应性的机器人。第四，非侵入性技术。本质上来说 RPA 是非侵入性的，不会对原有的底层系统造成干扰，只会利用现成的设施设备。第五，合规性更强。RPA 机器人只按照指令工作，效率高且可靠性强，整个工作过程都在监视中完成，完全可以控制机器人按照现行的准则和法规进行操作，降低企业风险。

机器人流程自动化可以应用于云平台内部控制优化源于它的两个特性：

一是降低人为错误。在大数据时代，工作比以往任何时候都要快，都要频繁，这使得组织对信息数据的保密性越来越具有挑战性，极易受到人为错误的影响。尤其是企业重要资源在云平台和供应商、客户企业之间传输、存储和使用的过程中，纯人为的信息安全措施根本无法应对这种数据泛滥的状况，而 RPA 高效无误且基于设定规则的数据处理模式从根源上降低了人为错误的风险。

二是全程监控流程。RPA 具有一个可部署和管理整个虚拟劳动力队伍的服务器平台，不仅能远程控制、调度机器人，还能实时跟踪机器人进度并了解其性能和健康度，详细遵守时间表并检查许可证使用情况，记录所有机器人和用户的活动。

基于互联网的云平台的日常管理存在一定监控漏洞，而 RPA 监控的实时性、全局性和可靠性满足了云平台对内部控制和合规性的所有要求。

6.2.3 RPA 在云平台内部控制优化中的应用实践

6.2.3.1 数据管理自动化，降低数据信息风险

数据信息风险是云平台的主要风险之一。尽管从信息技术角度来看，云会计资源供应商提供相对完备的数据安全管理体系，但是数据信息与客户企业空间分离，风险隐藏于云平台的共享性质中，一旦出现数据信息安全问题，将对供应商和客户企业甚至平台造成严重的损失。

供应商共享的资源以及客户企业的财务信息等大多存储在资源池或云端，平台需要运行多个数据源、应用和操作系统来维持其业务运营，而且来自平台注册的不同资源供应商和客户企业提供的海量数据信息存在不兼容的问题。这种数据存储和管理的不一致会导致平台与企业之间通信不畅，解决这种问题往往需要人为介入且耗时耗力。此外，平台还需要支付维护数据安全性、完整性以及软硬件设施等大量成本，资金投入如果不充足就会影响运营工作，进而影响服务质量和客户体验。

RPA 为云平台提供了一个有效的解决方案，定制化的 RPA 方案提供强大的功能和工具，让云平台能够轻松地应对数据采集和数据管理等工作流程和其他重复性且基于规则的操作流程，实现数据传输与通信的改善和高度可靠的数据安全性。数据管理自动化流程如图 6-2 所示。

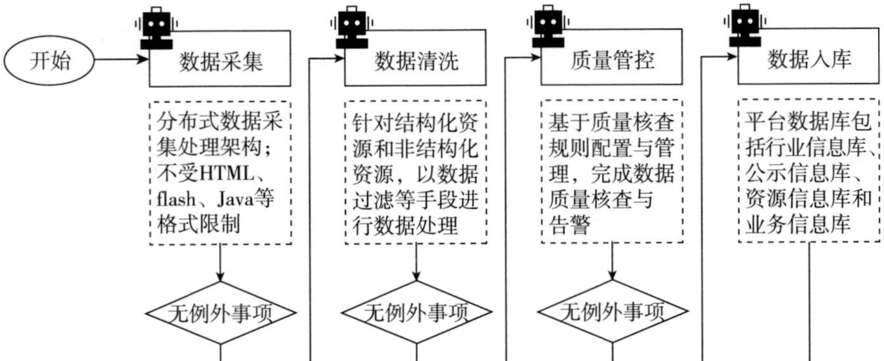

图 6-2 数据管理自动化流程

6.2.3.2 人工步骤自动化，降低人力资源风险

云平台的人力资源风险主要来源于管理人员和操作人员的职业操守、行为动机和技术水平。首先，“人”的因素是影响数据信息质量和平台安全最重要的因素之一，操作人员拥有某些特殊的访问权限且监管难度较大，出于外部刺激和内部需求，可能对信息质量和平台安全造成重大威胁。其次，云平台的日常管理和技术创新对人员的技术水平有较高的要求，寻找和评估求职者，发掘专业、有胜任能力的人才需要耗费大量的时间。最后，平台工作人员的工作潜力受限于繁重的重复性工作，打压了人员的积极性和工作热情。

RPA 将职员从繁重的重复性工作中解放出来，使他们能够将自己的精力放在更有战略性的任务上，同时，业务流程中减少了人为干预，极大降低了人员成本和错误率。另外，RPA 使人力资源部门产生变革，人机交互完成招聘上岗和解聘、薪资管理、员工数据管理、缺席管理以及合规管理，并且一次处理之后的数据将会修正 RPA 模型的准确性和可信度。招聘自动化流程如图 6-3 所示。

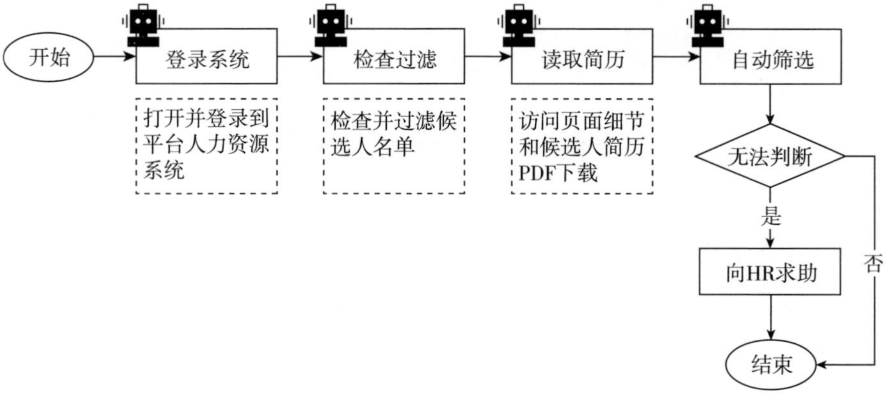

图 6-3　招聘自动化流程

6.2.3.3 客户服务自动化，降低信息沟通风险

对供应商和客户企业的服务需求迅速做出反应，给其带来良好的客户体验，是云平台长期发展的根本动力。因此，云平台应加强内外部信息的沟通与融合。以客户服务为例，客服人员在与用户交流的过程中通常同时操作多个系统和应用，这会分散其注意力进而影响沟通时长和数据信息的准确性，加上后续的订单处理流程复杂，与客户的沟通效率低下。

RPA 的自动化方案中，将不同的系统和应用连接在一个控制台，建立统一的知识库，可与客户及时高效沟通并随时提供后续处理数据。机器人能够自动捕获手动输入和上传的数据，实现批量数据高效零差错处理，整个流程中数据存储安全、日志登记完备，帮助平台不断提升客户满意度。客户服务自动化流程如图 6-4 所示。

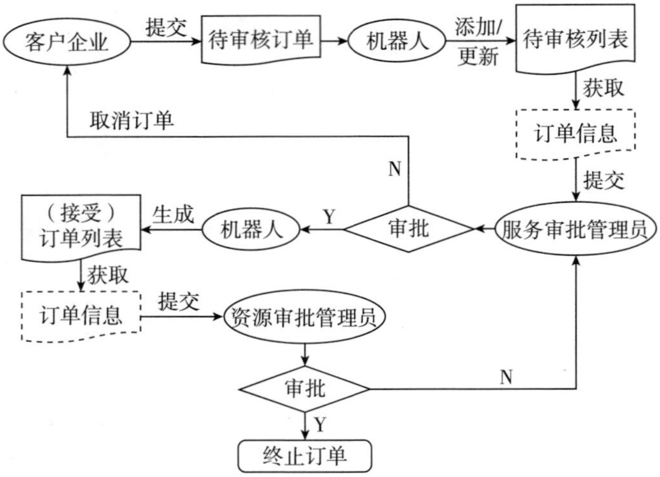

图 6-4　客户服务自动化流程

6.2.3.4　内部审计自动化，降低内部审计成本

从审计的角度来看，对账、内部控制测试和详细测试等手动和重复的审计任务可以实现自动化（Moffitt et al.，2018）。RPA 除自动化控制测试外，还能自动化鉴别整改未完成项目、跟踪年度审计计划进度，自动化报告和仪表盘以及在各个系统中评估数据质量，改变了内部审计工作方式，降低了审计成本，增强了平台对风险的管控力。

RPA 的自动化解决方案使平台的内部审计真正做到"持续审计"，不受限于地域和部门，在非业务时间段内抓取台账、合同和授信审批文件等审计证据，不会妨碍被审计部门的正常工作；得益于邮件自动处理、底稿初步填写和智能文档审阅技术的引进，内部审计人员和业务部门沟通成本得到极大降低，数据获取和底稿编制效率得到极大提升。内部审计自动化流程如图 6-5 所示。

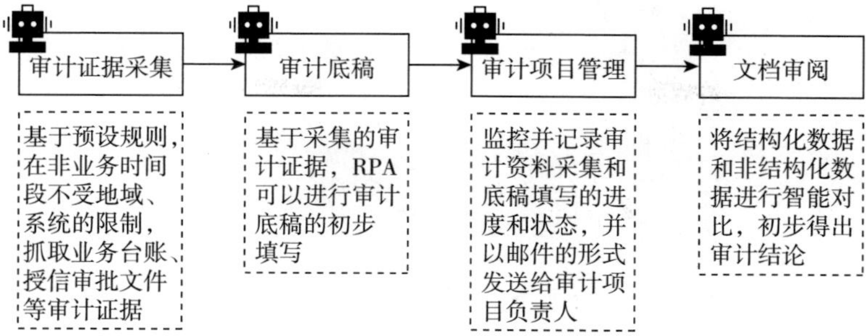

图 6-5 内部审计自动化流程

6.2.4 小结

在 RPA 的 7×24 小时工作、帮助员工完成重复性工作和简单的职业判断、高准确率和低成本、快速复制和随需扩展等众多优势之中，其应用于云平台的内部控制优化中最明显的优势就是降低人为错误、实现全流程监控。本部分通过对云平台内部控制风险和机器人流程自动化应用优势的分析，分别从数据管理自动化、人工步骤自动化、客户服务自动化和内部审计自动化四个方面详细阐述了 RPA 在降低平台内部控制风险中的重要价值体现。

虽然 RPA 可以帮助平台增加合规力度和品质遵循并降低企业风险，但如果流程设计、数据标准化和实验测试没有到位，任何错误都有可能在业务流程和数据中造成系统性和扩散性的问题。RPA 还可能存在一些潜在风险，如当业务流程发生变更却来不及对机器人做出及时调整时，抑或一旦机器人被黑客入侵更改脚本程序为之所用时，平台会遭受额外损失。因此，在机器人的部署过程中，切勿轻视其自身潜在风险：一是要建立机器人运营团队，负责在平台中快速、高效、安全地部署和管理自动化项目；二是创造可扩展的技术环境，应尽可能早地让 IT 人员参与项目，有助于建立一套完整的治理流程；三是确立一套针对 RPA 的管治措施，将风险管理和控制嵌入机器人部署的事前、事中、事后，有效降低其自身风险。此外，随着 RPA 与人工智能、机器学习等高级认知功能的结合，机器人将帮助人类完成越来越多的任务，在风险管理和内部控制领域的应用也将越来越广泛和完善。

7

结论与展望

7.1 研究结论

本书通过调研浪潮、用友、金蝶等国内大型企业云平台和应用云会计资源的中小微企业等相关会计主体，较为全面和系统地对“互联网+会计”背景下云会计资源共享问题进行了深入分析和研究。研究发现：

第一，扩大质量差异化能提高云会计软件价格，从而弥补云会计软件其他方面的不足，但这仅仅针对企业需要具有质量差异化的云会计软件时；当企业需要的是普适性的云会计软件时，更加倾向于选择永久免费的云会计软件，这时作为供应商，前期更注重扩大用户规模，其盈利模式将转换到后期教务培训、财税决策咨询等其他云会计资源的收益上，此种盈利模式是互联网平台较为常见的，如柠檬云会计，但当前仍处于前期阶段。

第二，为了保证云平台的顺利运行，需政府、云平台、供应商和客户企业各参与方协同努力共同营造良好的市场生态环境。政府方面，应该建立公平、开放、透明的市场规则，建立健全标准规范体系；强化企业安全管理和数据隐私保护意识，完善监管政策，维护良好的市场秩序；设计合理的鼓励政策，有效引导云平台进行积极的技术创新和安全管控，为中小微企业提供高质量的云会计服务；要引导供应商之间良性竞争，防止恶性竞争导致市场垄断的发生。云平台方面，通过建设完善的内部控制体系，提高平台服务效率；对供应商的准入加强审核和管理，增强安全技术支撑和服务能力。客户企业方面，增强员工对云会计的认同感，保证企业管理人员有较强的风险管理意识，在充分了解云服务供应商水平和服务等级协议的情况下，制订合理的计划并选择适合企业自身的云会计产品。供应商方面，积极寻求自身与竞争对手的差异和竞争优势，选择适合自己的盈利模式。

第三，通过风险评估发现，当前市场上的云会计资源风险对于各方来说都属于可接受的范围，但为了防患于未然，构建云会计资源共享风险预警系统是必要的。该研究目前仅限于理论，实际中还没有平台或企业在使用，但此研究的方法可以进一步应用于平台或企业财务共享中心的在线审计，能为企业切实解决实际风险预警问题。

7.2 研究展望

通过研究发现，“互联网+会计”背景下云平台是一个庞大的复杂的系统工程，除了风险管理方面，还涉及整个体系架构，包括平台分布式布局的研究、法律法规保障机制的研究、平台自身信息系统审计的研究等都是应该考虑的核心问题，而这部分内容在本书中未继续深入。因此，未来研究可以此研究为基础，对相关问题进行深入探讨和研究。

参考文献

［1］白世贞，姜曼．不同线上销售模式的产品定价策略研究［J］．中国管理科学，2019，27（10）：160-169.

［2］蔡立新，王垒垒．云会计服务的现实需求、功能定位与实施路径［J］．财会月刊，2016（19）：20-25.

［3］曹黎侠，黄光球．无限策略的混合策略纳什均衡理论与算法［J］．西北师范大学学报（自然科学版），2014（3）：14-17.

［4］陈德英．基于财务共享的业财融合模式构建浅析［J］．中小企业管理与科技（下旬刊），2021（1）：79-80.

［5］陈虎．基于共享服务的财务转型［J］．财务与会计，2016（21）：23-26.

［6］陈姣．基于模糊层次分析法的云会计安全评价［J］．财会通讯，2018（19）：107-112.

［7］陈俊，王曙光．企业内部控制体系的构建：基于对 COSO 和 COCO 内部控制体系的整合性探析［J］．审计与经济研究，2008（3）：92-95.

［8］陈琳娣．机器人流程自动化在内部审计中的应用实践［J］．中国内部审计，2019（4）：41-43.

［9］陈明艺，李娜．基于完全信息静态博弈的专车补贴策略研究［J］．财经论丛（浙江财经学院学报），2017（1）：105-112.

［10］陈少威，范梓腾．数字平台监管研究：理论基础、发展演变与政策创新［J］．中国行政管理，2019（6）：30-35.

［11］陈斯．共享经济风险影响因素研究［J］．商业经济研究，2019（3）：190-192.

［12］陈亚洲．共享经济下价值共创的实现机制研究［J］．赤峰学院学报（自然科学版），2016，32（24）：114.

［13］陈毅春．云会计在企业推广的障碍及对策建议［J］．财会通讯，2018

(34)：104–108.

［14］陈致远，沈堤，余付平，等．基于D–S证据理论的空中目标敌我识别研究综述［J］．航空兵器，2021（2）：1–14.

［15］程慧平，彭琦．个人云存储服务安全风险及治理策略［J］．图书馆理论与实践，2018（1）：54–60.

［16］程平，白沂．大数据时代基于财务共享服务模式的IT审计［J］．会计之友，2016（24）：128–131.

［17］程平，白沂，贺灏璁．云会计环境下基于COBIT标准的大数据审计研究［J］．会计之友，2016（4）：125–128.

［18］程平，崔纳，牟倩．大数据下基于云会计的财务共享中心影像管理［J］．会计之友，2016（20）：129–132.

［19］程平，崔纳，牟倩．基于AHP和VPRS的IT审计指标体系及权重研究［J］．中国注册会计师，2017（9）：74–79.

［20］程平，代佳．基于RPA的财务共享服务中心总账管理优化研究：以ABC集团为例［J］．会计之友，2018（16）：141–146.

［21］程平，段莹莹．基于SECI理论的云会计对会计人影响研究［J］．会计之友，2014（9）：125–127.

［22］程平，段莹莹．双因素理论视角下的云会计可信观［J］．会计之友，2014（15）：120–122.

［23］程平，范珂．大数据时代基于云会计的信息生态系统研究［J］．会计之友，2015（20）：129–132.

［24］程平，范珂．云会计环境下基于COBIT标准的“互联网+审计”模式研究［J］．财务与会计，2016（8）：59–61.

［25］程平，何雪峰．“云会计”在中小企业会计信息化中的应用［J］．重庆理工大学学报（社会科学版），2011，25（1）：55–60.

［26］程平，李宁．基于可信性影响关系网络的云会计下AIS可信性评估［J］．商业研究，2015（12）：123–128.

［27］程平，李宁．云会计产品可信性评价指标体系与等级模型［J］．会计之友，2014（18）：123–126.

［28］程平，王健俊．基于RPA的财务共享服务中心应付账款流程优化研究［J］．会计之友，2018（19）：154–160.

［29］程平，王晓江．大数据、云会计时代的企业财务决策研究［J］．会计之友，2015（2）：134–136.

［30］程平，温艳好．云会计对审计的影响及对策［J］．中国注册会计师，

2013（11）：121-124.

［31］程平，张洪霜．基于 RPA 的财务共享中心税务管理优化研究［J］.会计之友，2018（14）：145-148.

［32］程平，赵敬兰．大数据时代基于云会计的财务共享中心费用管控［J］.会计之友，2016（12）：133-136.

［33］程平，赵子晓．云会计对中小企业的影响及供应商选择策略［J］.会计之友，2014（12）：117-120.

［34］程平，周欢，杨周南．云会计下会计信息安全问题探析［J］.会计之友，2013（26）：28-31.

［35］程昔武，方维娜，纪纲．营运资金结构、股权集中度与研发投入：基于中国 A 股上市公司的经验证据［J］.铜陵学院学报，2019，18（3）：3-10.

［36］崔惠敏．高校图书馆联盟中知识产权风险评估的实证分析［J］.图书馆建设，2015（3）：88-92.

［37］刁新军，杨德礼，胡润波．基于 Stackelberg 博弈均衡的双寡头企业竞争策略［J］.运筹与管理，2008，17（6）：20-25.

［38］董坤祥，谢宗晓，甄杰，等．高管支持、制度化与信息安全管理有效性［J］.外国经济与管理，2018，40（5）：113-126.

［39］董凌峰，李永忠，吴真玮．政务云平台信息共享的三方博弈模型及对策分析［J］.统计与决策，2016（19）：49-53.

［40］杜敬卿，陈国栋，张维纳．“非物质文化遗产云”协同创新平台构建研究［J］.新世纪图书馆，2019（11）：49-55.

［41］杜勇，郑弘译，杜军．成本管理理论的发展与研究趋势［J］.武汉科技大学学报，2003，5（3）：28-32.

［42］段中兴，毕瀚元，张作伟．基于 D-S 证据理论的不完整数据混合分类算法［J］.信息与控制，2020，49（4）：455-463，471.

［43］樊燕萍，曹薇．大数据下的云会计特征及应用［J］.中国流通经济，2014，28（6）：76-81.

［44］范晓程．云计算环境下的中小企业会计信息化建设模式探析［J］.宏观经济管理，2017，13（1）：224-225.

［45］范志英．“大智移云”背景下财务共享平台构建及应用：以 TCL 集团股份有限公司为例［J］.财会通讯，2019（4）：111-115.

［46］冯立超，刘国亮，张蒙．公共服务平台信息资源共享模型及仿真研究：基于 Lotka-Volterra 模型［J］.情报杂志．2017，36（9）：178-184.

［47］冯丽婷，屈涛．A 保险集团：基于互联网技术的智能财务共享之路

［J］. 财务与会计，2018（17）：13-15.

［48］冯松涛 . 我国作业成本法应用和作业成本管理研究［J］. 会计之友，2010，28（30）：84-86.

［49］付佳，唐宁玉 . 一种新的人力资源共享服务中心管理模式［J］. 武汉理工大学学报，2008（1）：154-156，160.

［50］甘早斌，聂正茂，卢正鼎 . 软件开发成本估算技术综述［J］. 计算机工程与科学，2005（6）：108-110.

［51］高亮，潘刚，宋伟 . 公共政策视角下我国科技基础条件平台开放共享路径研究［J］. 科技管理研究，2014（19）：27-30.

［52］葛巍，杭纯 . 电网企业财务共享服务中的流程再造与关键技术实践［J］. 财会月刊，2017（10）：85-89.

［53］郭宝英 . 浅谈对作业成本法的认识［J］. 中国总会计师，2014（10）：100-101.

［54］郭志远 . 大数据背景下未来犯罪侦查模式的转变［J］. 兰州大学学报（社会科学版），2019，47（216）：34-42.

［55］韩岚岚，马元驹 . 内部控制对费用粘性的影响研究［J］. 会计论坛，2015（2）：68-83.

［56］韩小花，薛声家 . 竞争的闭环供应链回收渠道的演化博弈决策［J］. 计算机集成制造系统，2010（7）：1487-1496.

［57］郝旭光，贺小刚，张嘉祺 . 证券监管机构与上市公司的博弈分析［J］. 中央财经大学学报，2013（8）：19-23.

［58］何瑛 . 企业财务流程再造新趋势：财务共享服务［J］. 财会通讯，2010（6）：110-113.

［59］何瑛，周访 . 我国企业集团实施财务共享服务的关键因素的实证研究［J］. 会计研究，2013（10）：59-66，97.

［60］何瑛，周访，李娇 . 中国企业集团实施财务共享服务有效性的实证研究：来自 2004~2008 年的经验数据［J］. 经济与管理研究，2013（8）：57-65.

［61］胡靖 . 集团财务共享模式下风险管控的挑战及应对［J］. 财务与会计，2016（8）：56.

［62］胡显莉 . 云计算下会计信息的法律保护：基于财产权的视角［J］. 法学论坛，2017，32（1）：99-106.

［63］胡耀华 . 作业成本法在我国制造业的应用现状分析［J］. 财会研究，2010，31（4）：25-28.

［64］胡玉明，叶志锋，范海峰 . 中国管理会计理论与实践：1987 年至 2008

年 [J]. 会计研究，2008（9）：3-9.

[65] 胡媛，毛宁 . 基于演化博弈论的企业科技信息资源配置研究 [J]. 情报杂志，2016，35（11）：172-178.

[66] 黄海峰 . 加速数字化转型华为为何主张“平台+AI+生态”？[J]. 通信世界，2018（27）：33.

[67] 计海庆，成素梅 . 分享经济的 STS 探源 [J]. 自然辩证法研究，2016（7）：115.

[68] 贾君枝，陈瑞 . 共享经济下科技资源共享模式优化 [J]. 情报理论与实践，2018，41（3）：6-10.

[69] 江小琴 . 高校财务管理信息化服务平台构建研究 [J]. 会计之友，2017（24）：94-96.

[70] 孔祥西，程钧谟，蒋兵，等 . B2C 企业信息共享风险评价研究 [J]. 商业经济研究，2016（3）：65-67.

[71] 乐艳芬 . 关于我国企业成本管理现状的问卷调查：从世界 500 强评选看我国成本管理实践的国际差距 [C]. 第五届会计与财务问题国际研讨会：当代管理会计新发展，2005：297-306.

[72] 李桂荣，李笑琪 . H 公司财务共享平台下的业财融合成效、问题与对策 [J]. 财务与会计，2020（1）：25-28.

[73] 李静，张玉林 . 考虑用户信息水平与参照价格的平台定价策略 [J]. 北京理工大学学报（社会科学版），2019，21（6）：90-96.

[74] 李若昕，冯均科，许瑜 . “互联网+”战略下企业内部控制信息化制度创新刍议 [J]. 人文杂志，2018（3）：44-50.

[75] 李伟 . 考虑需求有界性和不确定性的两阶段软件设计与定价 [J]. 系统工程理论与实践，2016，036（002）：384-391.

[76] 李为波 . 大数据背景下的企业财务云会计系统应用 [J]. 财会月刊，2015（31）：13-15.

[77] 李文鹣，张洋，王涵，等 . 动态激励下科技资源平台与小微企业创新行为演化博弈分析 [J]. 工业工程与管理，2020，25（141）：96-104.

[78] 李闻一，于文杰，李菊花 . 智能财务共享的选择、实现要素和路径 [J]. 会计之友，2019（8）：115-121.

[79] 李泽红，宋雅慧 . 浅析火力发电行业的成本管理 [J]. 湖北经济学院学报（人文社会科学版），2017，29（1）：51-63.

[80] 栗兴仁 . 煤炭企业集团建设财务共享服务中心探讨 [J]. 会计之友，2019（3）：2-7.

［81］林子嵩，王妍．云会计环境下中小企业会计信息安全的问题研究［J］．商业经济，2017（12）：114-116.

［82］刘春应．作业成本管理与传统成本管理［J］．产业与科技论，2006，1（5）：42-46.

［83］刘甘娜，杨烜．ITS中学生水平的模糊综合评价模型［J］．西安交通大学学报，1995（4）：8-12.

［84］刘华，徐晨阳．财务共享平台下国美集团业财融合的创新与实践［J］．财务与会计，2019（7）：29-31.

［85］刘梅玲，黄虎，刘凯，等．智能财务建设之智能财务会计共享平台设计［J］．会计之友，2020（15）：142-146.

［86］刘平峰，谢坤英．基于演化博弈的全渠道协同定价行为研究［J］．北京邮电大学学报（社会科学版），2019，21（5）：24-33.

［87］刘琦．基于新型商业模式的云会计应用探讨［J］．财会通讯，2014（22）：100-102.

［88］刘雪松．积极推进业财融合，助力公司价值创造［J］．中国总会计师，2014（1）：78-81.

［89］卢加元．中小企业云服务选择风险与应对策略研究［J］．南京社会科学，2014（3）：57-61.

［90］卢现祥．共享经济：交易成本最小化、制度变革与制度供给［J］．理论参考，2016（9）：41-47.

［91］卢哲，王晓江．考虑用户偏好的云会计AIS合规性需求动态获取［J］．会计之友，2018（13）：128-132.

［92］罗春林，田歆．基于收益共享的风险厌恶供应链协调研究［J］．系统工程学报，2015，30（2）：210-217.

［93］罗琦，游学敏，吕纤．基于网络数据挖掘的资产定价研究述评［J］．管理学报，2020，17（1）：148-158.

［94］马婷，刘宁．陕西煤业化工集团基于ASSA云的IT基础设施架构建设［J］．陕西煤炭，2015（5）：19-21.

［95］孟庆杰，尧海昌．大数据环境下基于神经网络技术的食品安全监管［J］．食品与机械，2021，37（1）：104-107.

［96］南京大学会计学系课题组．中国企业成本管理方法及其效果调查分析［J］．会计研究，2001（7）：46-55.

［97］宁洋洋，刘培培，易忠君．大数据背景下云会计安全隐患及防范机制研究［J］．会计之友，2019（21）：102-107.

[98] 欧佩玉，王平心．作业分析法的作业分析及其在我国先进制造企业的应用［J］．会计研究，2014，25（2）：46-51.

[99] 帕克，辛普森．目标管理理论述评［J］．外国经济与管理，2008，30（12）：67-81.

[100] 潘峰，王琳．演化博弈视角下地方环境规制部门执法策略研究［J］．管理工程学报，2020，34（3）：65-73.

[101] 潘中建．会计信息系统的建设与安全管理研究［J］．信息系统工程，2018（1）：61-62.

[102] 彭超然．大数据时代下会计信息化的风险因素及防范措施［J］．财政研究，2014（4）：73-76.

[103] 彭敏娇，方铸，王敏．博弈论视角下的税收征纳主体行为研究［J］．税务研究，2019（8）：89-97.

[104] 彭小宝，张佳，刘国芳，等．制度压力与中小企业双元性创新意愿：领导力风格的调节作用［J］．科技进步与对策，2018，35（16）：83-90.

[105] 齐爱民，祝高峰．论云存储中数据安全的法律保护［J］．重庆大学学报（社会科学版），2017，23（1）：101-108.

[106] 祁金祥．云会计下企业全面预算管理构建探究［J］．财会通讯，2019（14）：91-95.

[107] 乔鹏程．基于知识图谱的区块链与云会计比较及融合研究［J］．科技管理研究，2019，39（5）：166-173.

[108] 秦荣生．云计算的发展及其对会计、审计的挑战［J］．当代财经，2013（1）：111-117.

[109] 屈航．浅析作业成本法的发展历史及国内外运用［J］．财会通讯，2012，29（15）：81-93.

[110] 全文举．流程自动化（RPA）技术助力电力企业财务内控管理［J］．财会学习，2019（15）：245，247.

[111] 沈月，仲伟俊，梅姝娥．消费者信息隐私保护对企业定价策略的影响［J］．系统工程理论与实践，2021（2）：1-21.

[112] 石菲．浪潮：以工业互联网撬动“云+数”生态［J］．中国信息化，2018（10）：28.

[113] 石岿然．基于提供者视角的共享经济参与者动机［J］．中国流通经济，2019，33（10）：76-84.

[114] 史玉良，邵雅丽，周中民．基于帕累托最优的隐私保护服务定价模型［J］．计算机学报，2016，39（6）：1268-1280.

［115］谭函梅．大数据+云会计视角下企业全面预算管理体系构建［J］．财会通讯，2018（29）：88-91.

［116］王柏谊，杨帆．“互联网+”背景下企业供应链模式创新研究［J］．社会科学战线，2016（3）：257-260.

［117］王成刚，石春生，李坤．企业组织创新与技术创新匹配决策关系研究［J］．科研管理，2018，39（S1）：245-253.

［118］王加灿，王嫣婷，张琴琴．企业内部控制缺陷的资本市场传染效应研究［J］．金融经济学研究，2019，34（4）：45-57.

［119］王健．网络条件下的会计资源共享［J］．商场现代化，2014（33）：190-192.

［120］王敬波．面向分享经济的合作规制体系构建［J］．四川大学学报（哲学社会科学版），2020（4）：102-112.

［121］王康，孙健，周欣．不完全信息动态博弈视角下的食品安全责任保险问题研究：基于参与主体之间的 KMRW 声誉博弈［J］．江西财经大学学报，2017（2）：70-76.

［122］王莉红，郑勇暮．面向过程的软件项目估算［J］．计算机时化，2012，08（1）：11.

［123］王思琪，缪思薇，张小玲，等．基于 D-S 证据理论的嵌入式固件 Web 代码静态漏洞检测技术［J］．北京邮电大学学报，2019，42（5）：91-99.

［124］王永明，鲍计炜．集群供应链知识共享行为演化博弈分析［J］．科技管理研究，2019（4）：142-149.

［125］韦德洪，陆韵佳．财务共享的客体、主体和路径研究［J］．会计之友，2020（23）：114-120.

［126］隗易．基于完全信息动态博弈的共享税成因探讨［J］．统计与决策，2016（7）：155-157.

［127］魏小雨．互联网平台经济中的合作治理［J］．行政与法，2018（10）：43-50.

［128］吴杰．共享经济、风险管理与信用机制建设［J］．征信，2018，36（1）：16-19.

［129］吴仁群．云会计与云审计关系浅析［J］．财务与会计，2013（7）：44.

［130］吴胜，刘礼明，苏琴．云会计资源管理问题研究［J］．会计之友，2015（11）：49-51.

［131］吴胜，苏琴．对云会计研究课题的细化与展望［J］．财会月刊，2017

(1)：102-104.

［132］吴士亮，仲琴，Hans Wortmann. 面向 SaaS 模式的价格歧视要素研究［J］. 管理工程学报，2018，32（4）：214-223.

［133］吴旺延，荆玉蕾 . 基于财务云的智能制造企业价值协同机制研究［J］. 西安财经学院学报，2019，32（5）：22-28.

［134］伍洛熠，赵娜，苏远东 . 个人偏好与网络外部性影响下双寡头零售商的最优产品策略研究［J］. 软科学，2020，34（10）：140-144.

［135］夏磊 . 财务共享服务模式下 IT 审计风险评价与控制研究［D］. 武汉科技大学硕士学位论文，2019.

［136］向华，张向睿 . 云会计背景下"互联网+"在审计中的应用［J］. 会计之友，2017（13）：121-123.

［137］肖红军，阳镇 . 平台企业社会责任：逻辑起点与实践范式［J］. 经济管理，2020，42（4）：37-53.

［138］谢林，冯坤，张明 . 基于 BP 神经网络和证据理论的离心压缩机喘振诊断方法［J］. 机械设计与制造，2020（1）：156-160.

［139］谢识予 . 经济博弈论［M］. 上海：复旦大学出版社，2002.

［140］谢识予 . 经济博弈论（第三版）［M］. 上海：复旦大学出版社,2007.

［141］谢卫红，李忠顺，苏芳，等 . 高管支持、大数据能力与商业模式创新［J］. 研究与发展管理，2018，30（4）：152-162.

［142］谢志刚 ."共享经济"的知识经济学分析：基于哈耶克知识与秩序理论的一个创新合作框架［J］. 经济学动态，2018（12）：78-87.

［143］熊中楷，曹俊，刘克俊 . 基于动态博弈的闭环供应链回收质量控制研究［J］. 中国管理科学，2007（4）：42-50.

［144］徐晨阳，王满，沙秀娟，等 . 财务共享、供应链管理与业财融合：中国会计学会管理会计专业委员会 2017 年度专题研讨会［J］. 会计研究，2017（11）：93-95.

［145］徐刚，杨超 . 基于演化博弈分析的产学研协同创新引导模式优化与选择［J］. 研究与发展管理，2020，32（1）：123-133.

［146］徐其华，孙波 . 基于深度学习和证据理论的表情识别模型［J］. 计算机工程与科学，2021，43（4）：704-711.

［147］徐祖润，刘思峰，方志耕，等 . 基于信息融合的罪案关联证据推理模型［J］. 控制与决策，2020，35（1）：228-234.

［148］许阳 . 基于云会计的"互联网+审计"框架构建探讨［J］. 财会通讯，2019（13）：110-113.

［149］许永斌．基于互联网的会计信息系统控制［J］．会计研究，2000（8）：35-39.

［150］阎达五，杨有红．内部控制框架的构建［J］．会计研究，2001（2）：9-14.

［151］杨锋，郎秀栋，昂胜．盗版影响下的软件产品定价和试用期策略研究（英文）［J］．中国科学技术大学学报，2020，330（10）：39-53.

［152］杨鲁峰，叶青盛，周卫华，等．基于 RPA 的财务共享通用月结自动化平台建设与应用［J］．财务与会计，2020（17）：62-64.

［153］杨学成，涂科．平台支持质量对用户价值共创公民行为的影响：基于共享经济背景的研究［J］．经济管理，2018，40（3）：128-144.

［154］姚树俊，盛兆美，和征．基于云共享的财务流程再造对企业绩效影响研究［J］．西安财经学院学报，2019，32（5）：29-34.

［155］叶鑫，董路安，宋禺．基于大数据与知识的“互联网+政务服务”云平台的构建与服务策略研究［J］．情报杂志，2018，37（2）：154-160.

［156］易艳红．做好“互联网+财务管理创新”新文章［J］．人民论坛，2019（1）：108-109.

［157］易中胜，马贤明．作业成本法在我国应用研究综述［J］．经济时报，1994，1（2）：46-51.

［158］尹佳伟，程昆．纳什均衡解的另一种解法［J］．统计与决策，2017（15）：70-72.

［159］尤天慧，樊治平，俞竹超．一种基于证据理论的组织内知识共享风险评估方法［J］．东北大学学报，2006（11）：1287-1290.

［160］于艳红．中小企业信息化绩效提升策略研究［J］．学习与实践，2016（9）：54-60.

［161］于忠军．区域高校科技资源共享的系统设计及机制研究［J］．科技进步与对策，2010，27（7）：38-40.

［162］余传鹏，尚钰，张振刚．结构性权力和知识基础理论整合视角下管理创新实施对创新绩效的影响［J］．技术经济，2019，38（1）：48-55，88.

［163］喻海燕．我国主权财富基金对外投资风险评估：基于三角模糊层次分析法（TFAHP）的研究［J］．厦门大学学报（哲学社会科学版），2015（1）：110-118.

［164］袁付勇，毕利．改进 DS 证据理论在中医诊断模型中的应用［J］．计算机工程与设计，2020，41（9）：2604-2610.

［165］曾诚，邵晓峰．互联网环境下客户定制化产品的定价及分段退货策略

研究［J］.上海管理科学，2019，41（5）：31-36.

［166］张维迎.博弈论与信息经济学［M］.上海：上海人民出版社，1996.

［167］张娟.云计算环境下企业财务共享服务的构建及应用：以四川长虹为例［J］.会计之友，2018（21）：134-138.

［168］张军．“互联网+”下的财务共享新价值［J］.财务与会计，2017（24）：51-52.

［169］张庆华，李善秀.云计算环境下的会计信息共享服务研究［J］.经济师，2015（9）：127-128.

［170］张瑞丽.大数据时代下基于财务共享服务模式的IT审计［J］.网络安全技术与应用，2019（1）：51，53.

［171］张文杰，周静.基于信号传递博弈的“雨露计划”扶贫补贴机制治理［J］.软科学，2019，33（2）：21-25.

［172］张学龙，覃滢樾，王军进.考虑价格和服务水平竞争的垂直双渠道供应链决策模型［J］.控制与决策，2018，33（4）：687-697.

［173］张亚杰，王应明，陈圣群.基于前景理论和证据推理的双边匹配决策方法［J］.系统科学与数学，2017，37（3）：768-780.

［174］张亚兰.不完全信息下云会计服务定价策略研究［J］.会计之友，2016（16）：91-93.

［175］张玉明，管航.共享创新模式内涵、特征与模型构建［J］.科技进步与对策，2017，34（13）：10-16.

［176］章玉英.基于Hadoop架构可信云平台评估与预警机制研究［J］.信息通信，2018（3）：156-158.

［177］赵凯，王健.企业与政府并购控制的不完全信息动态博弈［J］.管理科学学报，2018，21（11）：35-49.

［178］赵栓文，李永敏.云会计：管理会计发展的新契机［J］.西安财经学院学报，2016，29（2）：91-94.

［179］甄杰，谢宗晓，陈琳，等.高管支持对信息安全绩效的影响：探讨制度化过程的中介效应［J］.系统管理学报，2019，28（5）：846-856.

［180］郑联盛.共享经济：本质、机制、模式与风险［J］.国际经济评论，2017（6）：45-69，5.

［181］郑人杰.软件工程级［M］.北京：清华大学出版社，2012：56-74.

［182］中华人民共和国工业和信息化部.推动企业上云实施指南（2018—2020年）［Z］.http：//www.gov.cn/xinwen/2018-08/12/content_5313305.html，2018.

［183］周伯生.软件项目管理一个统一的框架［M］.北京：机械工业出版

社，2002：78-79.

［184］周成，魏红芹．专利价值评估与分类研究：基于自组织映射支持向量机［J］．数据分析与知识发现，2019，3（5）：117-124.

［185］周建伟．得力公司“轻资产”模式财务共享服务中心建设［J］．会计之友，2016（20）：39-42.

［186］周婷婷，张浩．COSO ERM 框架的新动向：从过程控制到战略绩效整合［J］．会计之友，2018（17）：82-85.

［187］周小燕，罗绍德．我国企业内部控制有效性评价指标体系研究［J］．中国内部审计，2013（7）：24-28.

［188］周雄伟，蔡丹，李世刚．基于网络外部性和质量差异化的产品定价策略［J］．管理科学学报，2019，22（8）：1-16.

［189］周志杰，唐帅文，胡昌华，等．证据推理理论及其应用［J］．自动化学报，2021（5）：1-15.

［190］朱冠霖，王兆强，王异凡，等．基于神经网络和证据融合的液压泵故障诊断研究［J］．机电工程，2020，37（12）：1498-1503.

［191］朱兰亭，杨蓉．研发投入、技术创新产出与企业国际竞争力：基于我国高新技术企业的实证研究［J］．云南财经大学学报，2019，35（7）：105-11.

［192］朱云，陈工孟．作业成本法研究应用的调查分析［J］．会计研究，2015，26（2）：30-37.

［193］宗文娟，王伯伦．基于业财融合的企业财务共享模式研究：以华为为例［J］．财会通讯，2020（12）：173-176.

［194］Aboemagd Nourelklin，Rashad Sharaf，Ahmed Osman etc. INS/GPS data fusion technique utilizing radial basis function neural network［J］. IEEE，2004（2）：280-284.

［195］Aguirre S，Rodriguez A. Automation of a business process using robotic process automation（rpa）：A case study［C］. Communications in Computer and Information Science，2017，742：65-71.

［196］Anne L，Van V，Driks P. Cost management through product［J］. International Journal of Production Research，2010，48：5561-5593.

［197］Araki T，Ikeda N，Shukla D，et al. PCA-based polling strategy in machine learning framework for coronary artery disease risk assessment in intravascular ultrasound：A link between carotid and coronary grayscale plaque morphology［J］. Computer Methods & Programs in Biomedicine，2016，128：137-158.

［198］Armstrong C S，Coreje，Taylor D J，et al. When does information asymmetry affect the cost of capital? [J]. Journal of Accounting Research, 2011, 49 (1): 1-40.

[199] Arora M K, Gupta A S D, Gupta R P. An artificial neural network approach for landslide hazard zonation in the Bhagirathi (Ganga) Valley, Himalayas [J]. Int J Remote Sens, 2004, 25 (3): 559-572.

[200] Asatiani, Aleksandre Apte, Uday. Impact of accounting process characteristics on accounting outsourcing: Comparison of users and non-users of cloud-based accounting information systems [J]. International Journal of Accounting Information Systems, 2019 (34): 100419.

[201] Asatiani A, Penttinen E. Turning robotic process automation into commercial success: Case Opus Capita [J]. Journal of Information Technology Teaching Cases, 2016, 6 (2): 67-74.

[202] Aumann R J, Brandenburger A. Epistemic conditions for nash equilibrium [J]. Readings in Formal Epistemology, 2016 (1): 863-894.

[203] Azadi Marand a, Azadi Marand e, Lari Dashtebayaz m. Investigating the effects of cloud computing on accounting and its comparison with traditional models [J]. Advances in Environmental Biology, 2013, 7 (10): 2836-2846.

[204] Azzouz E. The relationship between firm size, activity based costing [J]. Journal of Accounting-business and Management, 2012, 19: 90-102.

[205] Baake P, Boom A. Vertical product differentiation, network externalities and compatibility decisions [J]. International Journal of Industrial Organization, 2001, 19 (1-2): 267-284.

[206] Baron D P. Design of regulatory mechanisms and institutions [J]. Handbook of Industrial Organization, 1989, 2: 1347-1447.

[207] Barton K A, Tejay G, Lane M, et al. Information system security commitment: A study of external influence on senior management [J]. Computers & Security, 2016, 59 (6): 9-25.

[208] Basu P, Basak S, Avittathur B, et al. A game theoretic analysis of multichannel retail in the context of "showrooming" [J]. Decision Support Systems, 2017, 103: 34-45.

[209] Bauer A M, Henderson D, Lynch D P, et al. Supplier internal control quality and the duration of customer-supplier relationships [J]. Accounting Review, 2018, 93 (3): 59-82.

[210] Bauer, Andrew M, Lynch, et al. Supplier internal control quality and the

duration of customer-supplier relationships [J]. Accounting Review, 2018, 93 (3): 59-82.

[211] Belk R. Why not share rather than own? [J]. The Annals of the American Academy of Political and Social Science, 2015, 611 (1): 126-140.

[212] Biau G, Scornet E. A random forest guided tour [J]. Test, 2016, 25 (2): 1-31.

[213] Bills K L, Hayne C, Stein S E, et al. A field study on small accounting firm membership in associations and networks: Implications for audit quality [J]. Accounting Review, 2018, 93 (5): 73-96.

[214] Bergeron Bryan. Essentials of shared services [M]. New York: John Viley & Sons, Inc, 2003: 20-23.

[215] Blake Oliver. 2018's Top Tech: The year cloud accounting passes the tipping point [J]. California CPA, 2018, 87 (1): 21-22.

[216] Bloomfield R, Rennekamp K, Steenhoven B, et al. No system is perfect: understanding how registration-based editorial processes affect reproducibility and investment in research quality [J]. Journal of Accounting Research, 2018, 56 (2): 313-362.

[217] Bramante, Martin H, James L. Shared services: Adding value to the business units [M]. New York: John Wiley & Sons, Inc, 2013.

[218] Canelón J, Huerta E, Incera J, et al. A cybersecurity control framework for blockchain ecosystems [J]. International Journal of Digital Accounting Research, 2019, 19: 103-144.

[219] Cascino S, Correia M, Tamayo A. Does consumer protection enhance disclosure credibility in reward crowdfunding? [J]. Journal of Accounting Research, 2019, 57 (5): 1247-1302.

[220] Chao Fu, Wenjun Chang, Dongling Xu, et al. An evidential reasoning approach based on criterion reliability and solution reliability [J]. Computers & Industrial Engineering, 2019, 128: 401-417.

[221] Colombo S. Spatial price discrimination in the unidirectional hotelling model with elastic demand [J]. Journal of Economics, 2011, 102 (2): 157-169.

[222] Cristina L, Silvia M, Despina M. Cloud computing for small and medium-sized e-commerce businesses: An overall look on the benefits and risks of cloud computing in e-commerce [J]. Ovidius University Annals, 2013, 13 (1): 541-544.

[223] Cwynar A, Cwynar W, Pater R, et al. Social media as an information

source in finance: Evidence from the community of financial market professionals in Poland [J]. International Journal of Digital Accounting Research, 2019, 19: 29-58.

[224] Daisy Yau-Yeung, Ogan Yigitbasioglu, Peter Green. Cloud accounting risks and mitigation strategies: evidence from Australia [J]. Accounting Forum, 2020, 44 (4): 421-446.

[225] Danenas P, Garsva G. Selection of support vector machines based classifiers forcredit risk domain [J]. Expert Systems with Applications, 2015, 42 (6): 3194-3204.

[226] Daniel C, Melchior J. Globalizing corporate ethics programs: Perils and prospects [J]. Journal of Business Ethics, 2009, 6 (1): 227-233.

[227] Daniel Dornbusch. Creating Value in Shared Services [J]. Controlling & Management Review, 2016: 55-58.

[228] Dempster A P. A generalization of Bayesian inference [J]. Journal of the Royal Statistical Society, Series B: Methodological, 1968, 30 (2): 205-247.

[229] Dempster A P. Upper and lower probabilities induced by a multivalued mapping [J]. Annals of Mathematical Statistics, 1967, 38 (2): 325-339.

[230] Dezert J, Smarandache F. Proportional conflict redistribution rules for information fusion [J]. Advances and applications of DSmT for Information Fusion-Collected works, 2006, 2: 3-68.

[231] Diederik Kingma, Jimmy Ba. Adam: A method for stochastic optimization [J]. Computer Science, 2014 (1): 1-14.

[232] Dimaggio P J, Powell W W. The iron cage revisited: Institutional isomorphism and collective rationality in organizational fields [J]. American Sociological Review, 1983, 48 (2): 147-160.

[233] Dubois D, Prade H. Representation and combination of uncertainty with belief functions and possibility measures [J]. Computational Intelligence, 1988, 4 (3): 244-264.

[234] Du S, Wang L, Hu L. Omnichannel management with consumer disappointment aversion [J]. International Journal of Production Economics. International Journal of Production Economics, 2019 (215): 84-101.

[235] Du Yuan-Wei, Wang Ying-Ming, Qin Man. New evidential reasoning rule with both weight and reliability for evidence combination [J]. Computers & Industrial Engineering, 2018, 124: 493-508.

[236] Eric T Swanson. Risk aversion, risk premia, and the Labor margin with

generalized recursive preferences. Working Paper Series, 2012.

[237] Esteves R, Resende J. Personalized pricing and advertising: Who are the winners? [J]. International Journal of Industrial Organization, 2019 (63): 239-282.

[238] Felson M, Spaeth J. Community structure and collaborative consumption: A routine activity approach [J]. American Behavioral Scientist, 1978, 21 (4): 614-624.

[239] Foster I, Zhao Y, RaicuI, et al. Cloud computing and grid computing 360 - degree compared [C] Grid Computing Environments Workshop, 2008, GCE'08, IEEE, 2008: 1-10

[240] Friedman, Daniel. Evolutionary games in economics [J]. Econometrica, 1991, 59 (3): 637-666.

[241] Fudenberg D, Tirole J. Game theory [J]. Economica, 1992, 60 (238): 841-846.

[242] Fudenberg D, Tirole J. Perfect bayesian equilibrium [J]. Journal of Economic Theory, 1991, 53 (2): 236-260.

[243] Furuncu E, Sogukpinar I. Scalable risk assessment method for cloud computing using game theory [J]. Computer Standards & Interfaces, 2015, 38: 44-50.

[244] Gianina MIHAI. Cloud ERP and cloud accounting software in romania [J]. Annals of the University Dunarea de Jos of Galati: Fascicle: Ⅰ, Economics & Applied Informatics, 2015, 21 (1): 61-66.

[245] Goh B W, Li D. Internal controls and conditional conservatism [J]. The Accounting Review, 2011, 86 (3): 975-1005.

[246] Gomaa A A, Gomaa M I, Stampone A. A transaction on the blockchain: An AIS perspective, intro case to explain transactions on the ERP and the role of the internal and external auditor [J]. Journal of Emerging Technologies in Accounting, 2019 (1): 47-64.

[247] Guo Z, Ma D. A model of competition between perpetual software and software as a service [J]. Mis Quarterly, 2018, 42 (1): 101-120.

[248] Hambick D C, Mason P A. Upper echelons: The organization as a reflection of its top managers [J]. Academy of Management Review, 1984, 9 (2): 193-206.

[249] Han De-Qiang, Han Chong-Zhao, Deng Yong, et al. Weighted combination of conflicting evidence based on evidence variance [J]. Acta Electronica Sinica. 2011, 39 (3): 153-157.

[250] Harsanyi J C. Games with incomplete information played by Bayesian players: Part Ⅰ [J]. Management Science, 1968 (14): 159-182.

[251] HelaLtifi, Saber Amri and Mounir Ben Ayed. Fuzzy logic-based evaluation of visualizations generated by intelligent decision support systems [J]. Information Visualization, 2018, 17 (1): 3-21.

[252] Hollis Ashbaugh-Skaife, Daniel W. Collins, William R. Kinney Jr. The discovery and reporting of internal control deficiencies prior to SOX-mandated audits [J]. Journal of Accounting & Economics. 2007, 44 (1-2): 166-192.

[253] Huang J Z, Ng M K, Rong H, et al. Automated variable weighting in k-means type clustering [J]. IEEE Transactions on Pattern Analysis & Machine Intelligence, 2005, 27 (5): 657-668.

[254] Hu Chang-Hua, Si Xiao-Sheng, Zhou Zhi-Jie, et al. An improved D-S algorithm under the new measure criteria of evidence conflict [J]. Acta Electronica Sinica, 2009, 37 (7): 1578-1583.

[255] Dan-Richard Knudsen. Elusive boundaries, power relations, and knowledge production: A systematic review of the literature on digitalization in accounting [J]. International Journal of Accounting Information Systems, 2020, 36 (c): 100441.

[256] Karahanna E, Preston D S. The effect of social capital of the relationship between the CIO and top management team on firm performance [J]. Journal of Management Information Systems, 2013, 30 (1): 15-56.

[257] Kathan W, Matzler K, Veider V. The sharing economy: Your business model's friend or foe? [J]. Business Horizons, 2016, 59 (6): 663-672.

[258] Kohonen T. The self-organizing map [J]. Proceedings of the IEEE, 1990, 78 (9); 1464-80.

[259] Lee J C, Hsu W C, Chen C Y. Impact of absorptive capability on software process improvement and firm performance [J]. Information Technology & Management, 2018 (1): 21-35.

[260] Lhuer X. The next acronym you need to know about: RPA (robotic process automation) [R]. McKinsey & Company, 2016.

[261] Liang H, Nilesh S, Hu Q, et al. Assimilation of enterprise systems: The effect of institutional pressures and the mediating role of top management [J]. MIS Quarterly, 2007, 31 (1): 59-87.

[262] Liang L, Yang X. On the enterprise internal control mechanism in the information environment [C]. 2010 International Conference on E-Product E-Service